最後の言葉

門冬二

経法ビジネス新書
008

はじめに

普通、最後の言葉とか臨終の言葉とかいうのは、その人物が「死に面して発する言葉」の意味だ。しかしその人間にとって、果たして死に面した時の言葉が本当に後の世や周りの人に伝えたかった言葉だろうか、という疑問をずっと抱いている。場合によっては、死ぬかなり前に自分では「これで自分は終わりだ」と観念する時があるのではなかろうか。そうなると、そういう自分の生に一応決着をつけた時に発する言葉が、その人間にとって本当の意味での〝最後の言葉〟になるのではないかと思っている。

この本に集めたのは、そういう意味も兼ねている。必ずしも死に面して発した言葉だけではない。歴史的に見て、「この人は、この時にこの世における生を終わっているのではないか」と考えられる場合は、その時に発した言葉を「その人間にとっての最後の言葉」として扱っている。だから人物によっては、何度もそういう経験をすることがある。つまり、

「自分はここで終わりだ」とか、

「自分はこの段階で、やりたいことをやり遂げた」

と認識する時に発した言葉も、そういう意味では収録している。言葉を変えれば最後の言葉というのは、その人間にとっての肉体的な終わりに臨んで、それに精神的なものを加えて、つまり「心身共に」この世に別れを告げる時のいわばその人間にとっての〝しめくくりの言葉〟だと思う。ではそのしめくくりの時期をいつに設定するかということは、その人間個人個人の考えであって、計り知れない。それを、後世に生まれたわたしが、

「多分、この時だったのではないか」

という、余計なお節介を焼きながらその時に発した言葉をご紹介したいということだ。

何のためにそんなことをするかといえば、普通最後の言葉とか臨終の言葉というのは一種の悲愴感を伴う。つまり死を前にした人間の発する言葉だから、よく言われるように「ホトトギスの死ぬ時に発する鳴き声」になぞらえて、どこか悲愴感が漂い、哀しさを伴う。が、わたしが今回集めたのはそういう意味ではない。むしろ逆だ。逆というの

は、

「その人間が、ギリギリの段階で発した言葉を、まだ生き抜かなければならないわたしたちが、参考にし、励ましとし、勇気づけにしたい」

という意図を持っているからである。人間死ぬ時に発する言葉はギリギリな状況からのものなので、嘘偽りはない。その言葉はその人間の真実そのものだ。その真実に接して、さらに生き抜かなければならないわたしたちの「励ましや勇気づけ」にしたいと考えたのである。そういう観点から、ここに収録された言葉を味わっていただければこんな嬉しいことはない。

童門冬二

最後の言葉

●目次

第1章　二宮金次郎（尊徳）

一「予が足を開け、予が手を開け、予が書簡を見よ、予が日記を見よ。戦々競々深淵に臨むが如く、薄氷を踏むが如し」

これは二宮金次郎が安政二（一八五五）年の十二月三十一日に自分の日記に書いた言葉だ。金次郎は翌安政三（一八五六）年十月二十日の午前十時ごろに死んだ。大勢の弟子たちに囲まれていたという。この時金次郎は口述で弟子に日記を書かせた。その文が、

二「疾病に臥す。門弟子を呼んで曰く、鳥のまさに死なんとする、その鳴き声や哀し。人のまさに死なんとする、その言や善し。慎め哉、小子。速かならんと欲すること勿れ。速かならんと欲すれば大事を乱る。勤めよや小子、倦むこと勿れ」

また門人である相馬藩士伊東発身は、

「先生の遺訓だ」と言って、次のように書いている。

三「予が死近きにあるべし。予を葬るに分を越ゆる事勿れ、墓石を立る事勿れ、碑を立る事勿れ。只土を盛り上げて其傍に松か杉を一本植置けば夫にてよろし」

普通わたわた死に面した時の言葉を遺言とし、臨終の言葉とするところだが、わたし

は「はじめに」に書いたように、その人間にとって、「精神的な死を迎えた時の言葉」を、この本の趣旨に則った〝最後の言葉〟と思いたいので、やはり最初に書いた「予が足を開け……」という文章を二宮金次郎の最後の言葉として考えたい。というのは、この言葉を告げた安政二年の十一月に、金次郎は日光門跡宮から羽二重二疋を戴いた。普通なら、感激のため涙にむせんでその感動を日記に記するだろうが、金次郎はそうはしなかった。ここに紹介した「予が足を開け……」という、凄まじい気迫に満ちた言葉を告げたのである。

金次郎は、よく知られているように小田原藩主大久保忠実の命によって、大久保家の分家である下野《しもつけ》（栃木県）桜町の、荒廃した村落を復興することを命ぜられた。ここから金次郎の有名な「報徳仕法」が展開される。しかし、金次郎は単なる農業改革者ではなく、思想家でもあった。そのため、改革手法に思想性を織り込んだ。思想といっても難しいことではない。「人間として当然やらなければいけないこと」を、やってほしいと農民たちに語り掛けたのである。が、すぐソロバン勘定に走る人々はそれが理解できなかった。金次郎は苛立った。そのため突然、ある日村から失踪し、千葉県の成田不動尊に参籠してしまった。この時成田不動尊の和尚から、「不動明王の存在意義」について教えられた。不動明王は背中に凄まじい炎を背負っている。和尚は、

「あれは不動明王の社会悪に対する怒りであり、その社会悪を自分の手で粛清し、苦しんでいる人々を救おうという念願の現れだ」と告げた。金次郎はこれを聞いて発奮した。そして、

「自分も農村の不動明王になろう」と決意した。

この悟りを開いた金次郎は再び桜町に戻ってくる。だから、ここに掲げた「予が足を開け……」の言葉は、彼にすれば不動明王になったつもりの自身真実を吐露したものである。それが、過去との決別であり、同時に明日からの新しい出発である意志を示している。以後の金次郎の行動は、この言葉の通り展開されてゆく。別に紹介した二つの言葉は、いってみればありきたりで誰でもが発する言葉だと思う。しかし、金次郎の金次郎たる所以《ゆえん》はやはりこの「予が足を開け……」に尽きているような気がする。あるいはその裏には、

「なかなか自分の理想を理解してくれない農民たちへの怒り」が込められていたかもしれない。同じことは今の世の中にもたくさんある。つまりどんなに理想を掲げ、自分の心身を事業に捧げても、周囲はなかなか理解してくれない。苛立つ。腹が立つ。しかしそれを超えて根気強く仕事を推し進めなければ、結局は元の木阿弥になってしまう。そこに金次郎が唱えていた、

「積小為大」の考えが作用してくるのだ。どんな大きな事業を成し遂げるにも、やはり今自分がいる場所で、今与えられた仕事をこつこつと小さな石を積み上げるように努力していかなければ、大きな事業に到達できないということである。

第2章　辞世のお手本（心揺さぶる和歌調の辞世）

辞世というのは多分に、

「死んだあとに、多くの人に伝えたい」

という一種の未練というか、最後の欲望というか、そういうものが含まれているものが多い。そうなると、

「わかりやすい・リズムがある・多くの人が口で唱えてくれる・それも反復される」などの要素を備えていることが望ましい。となると、日本では何といっても「五七五七七」の和歌の形式をとることが最もポピュラーだ。そんな観点で、わたしが一番「辞世らしい辞世」あるいは「辞世のお手本だ」と思われるものを二首紹介させていただく。一つは歌人西行法師の次の歌だ。

○西行法師

西行法師は俗名佐藤義清といって、北面の武士だった。北面の武士というのは、京都御所内で天皇あるいは上皇のガードマンを務める武士のことである。当時の武士はいっ

てみれば「公家（天皇含む）の番犬」として扱われていた。日本諸国から、「大番」として、朝廷勤務を義務付けられる。源頼朝が解放するまで、大番を務める武士の義務任期は数年に亘ったという。それを頼朝はまず半年に改めた。その間の顎足《あごあし》（諸経費）はすべてその武士の負担だ。だから諸国の武士は都に大番に行くことを嫌がった。というのは、朝廷における勤務が終わっても、そのまま解放はされず、自分の国へ帰る途中でまた公家に掴まる。あるいは地域の実力者に掴まる。そして奴隷同様に番犬の仕事をさせられる。極端なのはそのまま老齢期に至るまで使われ抜いて、ついに野垂れ死に同様の死を迎えたという。まだ武士が政権を取る前は、実に悲惨な暮らしをしていたのである。

しかし西行のような名門になると、そういう扱いはされない。それに西行は歌人だったから、その面でも公家たちと対等な付き合いができたし、また公家たちも西行を重んじた。佐藤義清として北面の武士の仕事をしている途次無常感を感じた。彼は家族も全部捨てて仏門に入ってしまう。縋りつく幼女を縁の上から突き飛ばして仏の道に入ったという伝説がある。しかし仏門に入っても彼は娑婆っ気が抜けなかった。それまでの付き合いのあった公家や高級武士たちとは相変わらず昔同様の交流を続けていた。歌を通じてである。平家一門が奈良の都を焼いた時に、奈良の高僧たちはひどく嘆き、何とかして奈良の社寺を復興したいと考えた。丁度このころ、奥州（東北）平泉で、仏都を開いた藤原氏一門が、金鉱を発見して非常に豊かだと聞いた。そこで奈良の高僧は西行に頼んで、

「奈良の社寺復興資金を藤原氏に出してもらいたい」

と依頼した。西行は引き受けた。その途中、鎌倉に寄った。西行の噂は高かったので源頼朝が招いた。そして、

「俗世にいたころの、兵法を伝授してほしい」

と頼んだ。ところが西行は、

「源氏には教えられない」

と言った。ということは、西行は平家贔屓《びいき》だったのかもしれない。しかし西行はそこは世故に長けていたので、密かに源氏の武将には兵法の秘伝を伝えていったという。自分の名誉は守るが、しかし頼朝の願いを足蹴にしたのではやはり頼朝の面目も立つまい、

という配慮からである。この時の東北の旅が、元禄の世に松尾芭蕉が慕って、〃おくのほそ道〃を辿るようになる。その西行の辞世。

願はくは花の下にて春死なん　その如月《きさらぎ》の望月のころ

陰暦では、一、二、三月の三か月が春であり、四、五、六月が夏だ。そして七、八、九月が秋であり、十、十一、十二月が冬になる。したがってこの歌に詠まれた春というのは一月から三月の間で、また如月というのは真ん中の二月のことだ。西行法師は建久元（一一九〇）年二月十六日に死んだ。したがってこの歌に詠まれた春と如月、さらに言えば望月（満月）をすべて言い当てていたことになる。いってみれば、

「自分の死ぬ日を予告していた」

ということだ。こういう奇跡が起こるのだ。時に西行は七十三歳（満）である。

西行は無類の桜好きだった。桜の花が好きだった。そしてその桜も、

「散る花として愛した」

といわれる。散らない桜は西行にとって花ではない。散るからこそ花の姿がそのまま西行の感動を呼び起こすのである。そして西行自身もおそらく、

「自分は花のように散りたい（死にたい）」

と思っていた。この歌はしかし、西行が死ぬ時に詠んだ歌ではない。研究者によれば、

「かなり前から用意していた歌だ」

といわれる。しかし日本人の辞世としては、西行のこの一首がおそらく最高のものではなかろうか。いずれにしても西行にすれば、この「願はくは」の歌を作った時に、彼自身はこれを〝自分の死に捧げる歌〟と考えたのだろう。この時、西行はすでに死んでいる。そして、この奇跡的な願望にも似た予定を実現するために、その後の人生をしっかりと生きてゆくのだ。その道程を支えるのはすべて〝桜〟である。ちなみに西行がこの歌を詠んでから彼が生き続けた年月は、約十年である。十年前にこういう覚悟をした上で、彼はその後も桜を愛しつつ散り行く花の中に自分の姿を凝視しながら生き抜いていった。

もう一首の辞世で心に残っているのは、在原業平《ありはらのなりひら》の歌である。

○在原業平

つひにゆく道とはかねて聞きしかど　昨日今日とは思はざりしを

　薫り高い中世文学の傑作『伊勢物語』の主人公在原業平が作った辞世だ。しかしこの辞世も必ずしも彼が死んだ日に詠まれたものではないようだ。彼は、生まれて物心がついたころから、恋を知り、恋に生き、恋に死んだ人物である。極端に言えば恋以外の何ものも彼には生命燃焼の対象がなかった。しかも彼は貴種の出身だ。桓武天皇の流れを汲む一族である。父は阿呆《あぼ》親王である。あほうではない。皇族間の争いに遭って、除外された。不遇を味わった。業平はその子に生まれた。その反動もあってか、彼の恋の遍歴はすさまじい。そして、その対象も皇族にまで及んでいる。あまりにも極端なので、一時期東国に流されたこともある。その時詠んだ歌が有名な、

名にし負はばいざ言問はむ都鳥　わが思ふ人はありやなしやと

　というものである。隅田川の畔で詠んだという伝えがあって、現在の隅田川の浅草近くに「言問《こととい》橋」といわれる橋が架かっている。都にいた時の彼は無類の桜好きであった。

有名な歌がある。

世の中にたえて桜のなかりせば　春の心はのどけからまし

これは、事実は花のことではない。女性を指している。歌はそのままずっと詠めば、「この世に桜がなければ、人間はもっとのんびり生きていられたろうに」ということだが、業平自身の心境を詠んだものだ。彼にすれば、「人間世界に女性がいなければ、自分ももっとのんびり生きることができたはずだ」という意味である。それほど彼は恋に忙しかった。だから始終、恋に悩み、苦しみ、七転八倒し、相手の心を得たり、失ったりしている。「恋以外生き甲斐が全く発見できなかった」という人物である。対句的に次のような歌がある。

古《いにしえ》の大宮人（都びと）はいとまあれや　桜かざして今日もくらしつ

というものだ。おそらく当時は枝を折ることがそれほどやかましくなかったのかもしれない。桜の枝を宙に掲げながら、楽しそうに歩いて行く都の人間の姿を描写している。業平はそうなりたかったのだろう。彼は完全に心を狂わせ、また精神のゆとりを持つ暇

がなかった。だから彼は、死ということを人間にとって例外のない出来事だと思いつつも、

「まさか、それが昨日今日という近場に訪れるとは思わなかった」

と嘆くのである。もっと生きて恋をしたかったのだ。しかし業平の辞世は後世の辞世で、よく活用されている。大体辞世というのは、死ぬ時に、死に臨んで名のある人が詠む歌だが、その多くは、すでに詠まれていた歌の真似をしている。悪くいえばパクっている。業平の詠んだ、

「昨日今日とは思はざりしを」

という部分は、かなり利用されている。いってみれば、

「辞世のお手本」

と言っていい。多くの人がこの歌をお手本にして、「自分の辞世」として作歌している。いってみれば

「辞世のテキスト的な歌」

と言っていいのだ。いちいち名を挙げないが、その人々は最初の「つひにゆく道とは

かねて聞きしかど」というのをよく使っている。ひどいのになると終句の「昨日今日とは思はざりしを」をそのままパクっている人もいる。それほどこの歌は、

「辞世らしさ」

を備えているのだ。

そしてわたしにはこの業平の一首は、

「厭世観あるいは虚無感」

に溢れているような気がするのだ。そうなると、前々から書いてきたように、

「人間が辞世を詠むのは、必ずしも死に面した時ではない。その前に事実上死んでしまうこともある。したがって、その時に詠んだものが本当の辞世ではなかろうか」

というわたしの考えが、業平にも当てはまる気がするからだ。つまり業平は、世間的には、「風流公子」とか「女たらし」などと呼ばれているが、その実は心の中に常にビューービューーと凄まじい木枯らしの吹く孤独感を味わっていたということになる。だから彼にとって、桜の花は決して心を和ませたり、癒したりしてくれる存在ではなく、逆に、

「片時も安らぎを与えないまるでひばりの鳴き声のような、せかせかとした慌ただしい気持ちを持たせる要因だった」

　と言えるのではないだろうか。そう思うと、

「そんな慌ただしい煩わしい世の中から、一刻も早く消え去りたい」

と願うのが彼の真情だったろう。とすれば、この、

「世の中に絶えて桜のなかりせば」

というのは、彼の必死の願望であって、すでにこの時に、

「死にたい」

と願っていたことになる。とすれば、この「世の中に」というのが、在原業平の辞世であっても不思議ではない。

　前に紹介した
古《いにしえ》の大宮人（都びと）はいとまあれや　桜かざして今日もくらしつ
というのも一見、のんきな歌だが、しかし、

「いとまあれや」
というのは、時間的なゆとりや、心のゆとりがあるからだろうかという意味である。
となると、やはり「桜かざして」暮らすのは、相当に心のゆとりがなければできないということになる。ということは逆に考えればやはり、
「そのころの大宮人も桜をかざして楽しむようなゆとりはなかった」
ということになる。今でいえば、業平の歌の「桜かざして」という桜には、そのまま現在の「ＩＴ」が当てはまるのではなかろうか。つまり、
世の中に絶えてＩＴなかりせば　春の心はのどけからまし
ということになる。

いずれにしても在原業平の歌は、ＩＴに追われてセカセカと慌ただしい生き方を迫られる現在のわれわれにとっても何かを思い起こさせ、心の琴線をかき鳴らすような響きがある。その意味で、和歌調で辞世を詠んだ人々の歌を紹介したい。

○浅野内匠頭長矩

まず、業平的な風雅な響きを残したのが、例の〝忠臣蔵〟のきっかけをつくった播州（兵庫県）赤穂の藩主浅野内匠頭長矩《あさのたくみのかみながのり》の辞世だ。

風さそう花よりも猶我はまた　春の名残をいかにとやせん

いかにも哀感のこもった歌だ。そして、この歌を辞世として詠んだために浅野に対する同情心が多くの人に湧いた。忠臣蔵というのは、

「主人の敵を討つ」

ということで、大石内蔵助以下四十七人が立ち上がった事件だが、その発端をつくったのが浅野内匠頭だ。しかし、この事件は本来浅野側に無理があって、いってみれば不条理な仇討である。というのは、徳川幕府は「江戸城内で、どんなことがあっても刀を抜いてはならない」と定めていた。したがって、たとえ吉良上野介にどんな意地悪をされようとも浅野はそれに耐えて、絶対に刀を抜いてはいけない立場にいた。にもかかわらず彼は刀を抜いて吉良に斬りかけ、傷つけた。吉良の方は何ら抵抗せずに逃げ回った。

したがって当時の将軍（五代）徳川綱吉の処分は、

「浅野は法を破ったが、吉良は神妙に法を守り抜いた」

ということで、浅野は即日切腹・お家断絶という厳しい処分にあったが、吉良の方には逆に綱吉が自分の主治医を差し向けるという労わり方をした。これは常識で考えれば普通だ。しかし世論はそうはいかない。というのは徳川家康が不文律で、

「喧嘩は両成敗とする」

と定めていたからである。家康らしい定め方だ。つまり、

「どっちが正しかろうと、江戸城内で喧嘩をした場合には両方処分する」

というものだ。詮議もへったくれもない。

とにかく争うこと自体を家康は嫌ったのである。その意味でいえば、浅野内匠頭と吉良上野介の場合も〝喧嘩両成敗〟ということになれば、吉良の方も浅野が斬りつける原因をつくったのだろうからやはり何らかの制裁を受けるのが当然だ、というのが当時の世論だった。

この世論が高じて、元禄十五（一七〇二）年十二月十五日早暁の仇討になる。しかし

この場合の、

「主人の恨み」

というのは、必ずしも吉良上野介だけにあったわけでもない。つまりそれを裁いた幕府にも責任がある。そしてその時直接憎しみのあまり切れて浅野を徹底的に処分してしまった綱吉とその側近に責任がある。これが処理しきれない問題として世情に漂った。

やがてこの世論が、

「イッキ、イッキ」となって、はっきり言えば、

「赤穂浪士よ、主人の敵を討て」

というそそのかしの声に変わっていったのである。この声は無視できなかった。おそらく綱吉の脇にいた側用人の柳沢吉保あたりが、

「これは、赤穂浪士に仇討をさせなければ収まらない」

と判断したのではなかろうか。当時の江戸の町は夜になると大きな檻のようになっていた。それは町々が木戸を引き出して交通を遮断するからである。したがって、四十七人もの人間が徒党を組んで、武器を携帯して江戸の夜の町を歩くなどということは想像

できない。

しかも、吉良邸に討ち入ったあと上野介の首を槍の先に掲げて、本所松坂町から品川の泉岳寺まで行進するなどということは、当時の取り締まりの状況からいっても想像できない。

おそらくしかるべき権威者が、

「この夜の行進は大目に見てやれ」

という密かな指示を下したに違いない。わたし自身はこの指示を下したのは柳沢吉保だと思っている。時の実力者柳沢の指示では、江戸町奉行も文句が言えなかったに違いない。いずれにしても、忠臣蔵事件が成立したのは、浅野内匠頭のこの辞世がきっかけである。彼はいってみれば、

「裕福な家に生まれたお坊ちゃん大名」

であった。したがって、江戸城内でも吉良上野介の意地悪に遭ってたちまち切れて刀を抜いたのも、そのお坊ちゃん気質がしからしめた所以だ。にもかかわらず、後世忠臣蔵事件のきっかけとなった、「悲劇の大名」として扱われているのは、ひとえにこの辞

世故にである。この辞世がなかったら、浅野に対する同情心は湧かず単なる〝わがまま大名〟として世から忘れられたはずだ。そうなると、忠臣大石内蔵助たちの出場も一切なくなってしまう。したがって、この事件における浅野のこの辞世は、それだけで大きな意味合いを持っている。つまり事件のどっしりとした礎石になっているからである。

○吉田松陰

同じような意味で、やはり現代人のわれわれの心を揺さぶるような辞世がある。幕末の思想家で、多くの偉人を教育ししかしその身は〝安政の大獄〟で斬首という極刑に遭った吉田松陰の辞世だ。

親思ふ心にまさる親心　けふの音づれ何と聞くらん

自分が親を思う孝心よりもさらに父母の心の方が自分の場合には優っている。今日の悲報をどのように聞くだろうか、ということで、松陰は本当に親の愛情に恵まれて育った。彼はいってみれば、

「危険な思想家であり、純真な若者たちをそそのかし命を懸けさせた」

と見る親たちも沢山いた。彼の経営した松下村塾はその意味で、

「国家反乱人の養成場」

であったはずだ。もともと松下村塾というのは、松陰の前は叔父たちが経営していた。その場合政治学校ではなくいわゆる〝読み書きソロバン〟を教える実用学校の時代もあった。しかしこの塾を引き継いだ松陰はそれに飽きたらず、「松下村塾記」というのを書いて、

「萩（長州藩の藩都）の一角にある松下村塾から長州藩を改革し、そして長州藩の改革によって日本を変革しよう」

と高らかに宣言した。明らかに松下村塾がもはや読み書きソロバンの実用学校ではなく、政治をうんぬんする大学だ、ということを天下に向かって宣言したのである。この路線に従って、多くの若者が育ってゆく。しかし本人の情熱や思想はともかく、戒律の厳しい封建時代において、たとえ幕末といえども一介の学者がそんな言行を取り得たのは、やはり松陰の家庭の結束による。彼の場合には父・母・叔父・妹・弟たちの愛情が

人並み以上に深かった。はっきり言えば、

「松陰の言うことやることなら、家族を挙げて支持しよう」

という、父杉百合之助・母滝・叔父玉木文之進・妹文などの、一家を挙げての支持協力があったからである。松陰の言行が危険であるとするならば、それを支持する吉田一家（実際には杉一家。松陰は吉田家に養子に行っている）たちも危険だ。したがって吉田松陰を支持するということは、この一家にとってもまさに〝命懸け〟の行動であった。それをあえて行ったところに松陰一家の家族愛の深さが偲ばれる。そしてもう一人支持者がいた。それは藩主毛利敬親である。

敬親は分家から本家に入って長州藩主になった人物だが、家臣たちからは「そうせい侯《こう》」と呼ばれていた。こんなあだ名がついたのは、彼がトップとして部下から出される計画案についてすべて、

「そうせい（そうしろ）」

と応ずるからだ。しかも彼の場合には、Ａが出した案に対し、

「そうせい」

と言うと思えば、今度はAの案とは全く反対な案を出すBに対しても、

「そうせい」

と言う。家臣は戸惑ってしまう。一体どっちを実行すればよいのか、ということで論議がはじまる。結局、
・うちの殿様は、部下の出した案に対しては絶対にダメだとは言わない。それは「責任は自分がとるから思うようにやってみろ」
・そうなると、家臣たちがばらばらな計画案を出したのでは、結局は殿様に迷惑を掛けてしまう
・何でもやってみろという鷹揚な殿様に迷惑を掛けないためには、我々の段階でもっと計画案を調整する必要がある
ということで、事前に計画案の調整が行われるようになった。これは敬親の仁徳だ。

確かに部下が感じた通り彼は、

「部下の出した案はそれなりに彼らが一所懸命考えたことだ。潰してはならない。そのことによって起こる責任はすべて自分が負おう」

という責務感があったからである。長州藩が後に幕府を倒し、明治新政府で藩閥のトップといわれるようになるのも、やはりこの敬親の〝そうせい〟という身を挺した責務感の現れが部下藩士たちの感動をもたらしたことによる。やはりその意味では、

「判断力のないトップだ」

と思う向きもあるだろうが、責任を一身に負っていたという意味では敬親はやはり名君なのである。

その敬親に吉田松陰（寅次郎）は子供の時から可愛がられていた。松陰は天才学者で十一歳の時にすでに藩校明倫館で、家学である「山鹿流の兵学」を講義している。この時聞き手に敬親がいた。感心した。

「吉田寅次郎は大した少年だ」

と注目しはじめた。だから松陰がペリーの船に密航を企てた時も、その後の藩重役の眉を顰《ひそ》めさせるようなことを行っても敬親は微笑んで、

「寅次郎のやることなら、大目に見てやれ」

といつも庇《かば》った。家族の愛情と、藩主のこの庇い立てがなければ、吉田松陰がたとえ

優れた思想家ではあっても、あれほど思い切った考えを公にし、また多くの若者たちを教育することはできなかっただろう。その意味で、松陰の辞世には、自分の家族に対する今までの理解協力に感謝するとともに、そういう人たちに悲しい知らせをもたらさなければならない身の不運を嘆いた。その嘆きの底にはおそらく、

「主君毛利敬親への感謝とお詫び」

の気持ちが含まれていたとわたしは感じている。

松陰に対する家族の愛情の深さと死を懸けた厳しさの模様は、二〇一五年のＮＨＫ大河ドラマ〝花燃ゆ〟で詳しく描かれている。

第3章　英雄英傑の辞世（戦国時代の辞世）

○織田信長

光秀か、是非に及ばず

天下人になった織田信長の臨終の言葉だ。これは文字通り信長が死ぬ直前に口にした言葉である。

辞世といえば、誰もが関心を持つのが「英雄英傑」の辞世だ。織田信長は能が好きで、特に「敦盛《あつもり》」の一節を好んで口にしていた。自らも舞った。「敦盛」の、

人間五十年　下天の内を比ぶれば　夢幻のごとくなり

一度生を得て滅せぬ者のあるべきか

というのを愛した。そのためこれが信長の辞世だ、と伝えられている。ということは信長自身が常に、家臣や周りの者に向かって、

「これがおれの生き様だ」

と告げていたためだろう。およそ風流と縁の遠い信長は、和歌などは作らなかった。

彼に言わせれば、

「辞世などと格好つけるな。一日一日死ぬ覚悟で生きていれば、その生き様がすなわち辞世なのだ」

ということかもしれない。事実彼は四十九歳（数え年）で死んでいる。

天正十（一五八二）年六月二日の早暁、信長は京都本能寺にいた。現在観光客が訪ねる位置ではない。信長が殺された時の本能寺は、ずっと南の方にあった。五条辺りである。やがて信長の後を継いだ豊臣秀吉が、京都市の都市計画をやり直し、寺はかなり北の方に集めた。現在の御池《おいけ》通の方だ。いずれにしても、この日信長は一団の武装兵に襲われた。午前三時か四時ごろだろう。寝込みを襲われたのである。境内が騒がしくなったので、信長は起きた。駆け込んで来た森蘭丸に、

「何の騒ぎか」と聞くと、

「謀反でございます」と蘭丸が答える。

「謀反を起こしたのは誰だ？」と聞くと、蘭丸は、

「明智光秀でございます」と応じた。信長は眉を寄せやがて頬を緩めて、

「光秀か、是非に及ばず（やむを得ない）」

と頷いた。蘭丸から見れば、

（お館様はすでに光秀の謀反を予想しておられたのか）と思えるような反応であった。

事実、信長は、

（光秀は、叛くだろう）と予想していた。


織田信長の天下人というのは、今でいえば、

「日本国政を行おう」ということである。現在でも昔でも同じだが、日本人は誰でも三つの人格を持っている。一つは地方人であり、二つは日本国民であり、三つは国際人であるということだ。幕末の思想家佐久間象山が、

「わたしは長野県の松代人であり、同時に日本国民であり、また世界人（国際人）でもある」と言っている。現在の言葉を使えば〝グローカリズム〟だ。グローバルとローカルの合成語で、地球上に住む人はすべてこの三つの人格を持っているということだ。

しかし、戦国時代にはいわゆる〝天下〟すなわち日本全体をまとめて考え、日本国民の求めるニーズ（需要）を実行しようという政治家がいなかった。足利将軍家はいたが、

いってみれば足利氏の率いる幕府は〝足利家の・足利家による・足利家のための政府〟であって、日本国民のための政府ではない。そのため、戦国時代が生まれてしまったのだ。

早くからこのことに気づいていたのは、中央部では織田信長であり、西方では毛利元就だ。

毛利元就は、安芸（広島県）の出身だが、彼は足利将軍家を憎み、地元で〝カラカサ連合〟をつくった。これは農民が一揆を起こす時に作る連判状の形式で、雨具である唐傘を広げると真ん中の軸から放射線状に竹の骨が四方に出ている。この上に名前を書けば、誰が始まりでだれが終わりだかわからない。責任の共同化を狙って、農民たちは知恵を絞った。そうしないと、たとえ要求が通ったとしても、権力者は首謀者を「徒党を組んだ不埒《ふらち》もの」として、磔《はりつけ》にしてしまったからである。元就はこの連判状を地域に住む地侍や豪族たちの共同体をつくるのに活用した。当時、日本国政を担当する政治家がいないから、地侍や地方豪族はそれぞれ管理する住民のために、共同課題を処理しなければならなかったのである。共同課題というのは、火災の始末・殺人や強盗の処理・山の入会権の問題・水利権の問題・他地域にまたがる開発の問題・物価の調整・貨幣の統一などである。

元就は地侍たちに呼びかけて、この共同処理をカラカサ連合によって行おうと提案した。加入者は、それぞれ合議によって事柄を決め、分担金を支払って共同作業によって地域の課題を処理した。やがてこのカラカサ連合が力を持ち、大大名であった尼子氏や西の大内氏の、現在でいえば〝M＆A（合併や買収）〟に抵抗し、逆に元就の主導によってこの二氏を滅ぼしてしまった。カラカサ連合によって力を得た元就は、現在でいえば出身地の広島県・山口県・島根県・鳥取県・岡山県・兵庫県の大半と北九州一帯さらに四国の瀬戸内海側などをすべて管理下に収めてしまった。今の言葉を使えば「毛利道あるいは毛利州（道州制）」を実現したのである。近畿から西一帯はほとんどこの毛利氏の勢力下にあった。

これに対し信長は、毛利元就の事業を、

「広域に亘る地方自治の実現である。しかし、この地方自治によって国レベルの需要を求める国民に対しては、あまり役に立っていない」と判断した。そこで信長は、「天下を治めよう」と思い立った。彼の天下というのは日本国全体のことである。だからといって信長自身に地方自治を踏みつぶす考えはない。今でいえば、「中央政治と地方政治が共に手を取り合って、国民（地方にあっては住民）の福祉を願った政治を行おう」という考えだ。が、毛利道ないしは毛利州内に住む地侍や地方豪族たちにとってはこの理念が理解されない。

もともと信長が天下に志を持ったのは、彼の生まれた尾張地方に伝わる伝承によってである。尾張地方には〝あゆち〟という伝えがあった。あゆちというのは、空を伝わって吹いてくる幸福の風が、日本の中部である尾張地方に上陸するという考えだ。信長はこのことを子供の時から知っていた。だから彼が天下を志したのは、「あゆちの風を、日本全体に吹かせよう」ということであった。尾張が面する伊勢湾には、〝いそ〟の伝えがあった。伊勢というのは実はいそ（岸部）のことで、ここには常世国（日本古代の理想郷）から寄せてくる幸福の波が辿りつく、という伝えだ。信長も

おそらくこのことを知っていたに違いない。そこで彼は、

「陸地にはあゆちの風を吹かせ、岸辺には幸福の波を寄せさせよう」と思い立ったのである。


この天下思想を知って、共鳴し協力を申し出たのが明智光秀である。明智光秀は美濃国（岐阜県）の出身だが、天下に志を持ち諸国を浪々として歩き回っていた。たまたま越前の朝倉家に身を寄せていた時に、信長の存在を知ったのである。そしてさらにその志を知った。光秀は、

「これこそ、自分が今まで求めていた政治家だ」と考え、以後信長の傘下に入って諸活動に従事する。最初にやったのが、やはり流浪中の将軍候補者足利義昭を、信長を通して第十五代将軍に押し立てることであった。信長は承知して実現した。しかしこれは義昭が願うような、

「将軍という旧権威を再興して、日本の社会体制を昔のように戻す」ということではなかった。天下に幸福の風や波を吹かせ、寄せさせる目的を持つ信長は、そんな旧権威を

真っ向から否定していた。というよりも、「そんな古い権威を叩き壊さなければ、おれの望む新しい世の中は実現できない」と考えていたのである。明智光秀にそこまでの踏み込みがあったかどうかはわからない。なかったかもしれない。光秀は信長の理念を理解しつつも、まだ将軍体制を根こそぎ覆そうなどという積極性はなかったかもしれない。

そのために、次第に信長の行動に疑問を持つようになった。あゆちの風を実現しようとする信長に共鳴しつつも、そのあまりにも性急な過激な手段にはついていけなかった。だから、信長が比叡山に放火したり（この実行者に光秀が命ぜられた）、伊勢長島の一向宗徒を三万人も虐殺したりすると、光秀はついに信長を見限った。

「信長様の行動は、もはや人間のそれではない。鬼の仕業だ」と受け止めた。したがって光秀が謀反を起こした時の心境は、

「主人信長様に対する謀反ではない。自分が行うのは鬼退治だ」と考えていた。

おそらく、親しく接していた仲だから信長も光秀が何を考え、何を悩み、何を苦しん

でいるのか見通していただろう。信長にすれば、

（光秀はおれの理念を理解しつつも、方法においてついてこられない。彼にはやはりそれだけの古さが残っている）

と判断していた。晩年の信長政権の補佐者は二人いる。羽柴秀吉と明智光秀だ。二人とも流動者の出身だ。織田家譜代の家臣ではない。それだけに新しい信長の発想に対し、それほど拘らずに受け入れる。が、最後の瞬間において秀吉はともかく、光秀はついに離反した。信長が光秀襲撃の報を受けて、「是非に及ばず」と言ったのは、

「光秀なら、抵抗しても無駄だ」と観念したからである。謀反を起こす以上光秀も必ず信長の首を取る、という覚悟を決めていたはずだ。そういう死に物狂いの謀反に対し、わずかな家臣しか寺内に連れてきていない信長にすれば、もはや無駄な争いになる。そこで信長は居室に火を放ち、自ら槍を振るって明智勢を何人か倒したが、やがて自刃した。信長の遺体は発見されていない。その葬儀を行った時に秀吉はやむを得ず、信長に似せた木像を作って棺に入れた。

信長にすれば、

「辞世は一句しかない。それも、常日頃から口にしていることだ」
というような、いってみれば格好いい自分の身の始末のつけ方を常に辞世化している
というタイプは信長一人だったろう。

○上杉謙信

ただ四十九年という人生の区切り方については、もう一人戦国の英雄だった上杉謙信
がいる。謙信の辞世は一般に、

極楽も地獄もともに有明の　月ぞ心にかかる月かな

というのが辞世だといわれている。しかし彼にはもう一つ辞世があって、それは、

四十九年一睡夢　一期栄華一盃酒

というのが伝えられている。彼は天正六（一五七八）年の三月十三日に、厠《かわや》（トイレ）で卒倒してそのまま死んでしまった。四十九歳だった。そこでこの漢詩を詠んだといわれるが、果たしてどうだろうか。卒倒したというのは気を失ったということだから、

そんな時に悠々とこんな詩が詠めるわけがない。しかしこれは謙信の言いそうな言葉だ。したがってこの言葉も信長と同じように、普段から始終周りの者に語っていたのではなかろうか。

　彼は禅宗に帰依し、また自らを「毘沙門天だ」と唱えていた。謙虚に考えれば、毘沙門天というのは仏を守る守護神で、特に「北方守護を担当する」といわれている。謙信の領国は越後（新潟県）だから、日本列島では北方に当たる。したがって彼は、〝義〟を重んずる武将なのでそれも越後の国を領国としているから、

「北方守護がわしの役割だ」

　と思っていたのだ。これは今でいえば、一地域の領主として領民を守ればよいという考えではなく、日本国という規模内において、

「武将として自分の果たすべき役割」

を、そういう観点から認識していたと言っていい。仏を守るというよりも、むしろ天の命によって、義に背くものを討ち平らげるという考え方だった。はじめは決断に迷ったときに、居城である春日山城内に造った毘沙門堂に詣で、

「この事件にはどう対応したらよろしいか」と尋ねたという。したがって堂から出てきた彼が部下に向かって指示命令することは、

「毘沙門天がこう仰せられた」

という表現をとった。自分の決断というよりも、神がそう言っているのだから守れ、という伝え方だ。しかしこの形式が次第に高じて、やがて毘沙門堂に詣でなくなった。部下がその理由を聞くと謙信は、

「わしが毘沙門天だ。したがって最早堂に参って教えを受ける必要はない」

と答えたという。これを狂気と言ってよいのか、あるいは自信が高じたものなのかその辺はよくわからない。謙信の行動を見ているとどうも後者ではないかと思われる。つまり、

「わしにはすでに毘沙門天が乗り移っている」

という認識なのだろう。しかし彼は酒が好きで、

「倒れたのも大酒のせいだ」

という説が多く残っている。病気も中風であり、昏倒するようなくらいだから相当重

かったに違いない。酒好きという点でいえば、やはり彼の辞世は後者の漢詩の方が相応しい。特に後段の、

「一期栄華一盃酒」というのが彼の本心をよく表していると思われる。前段の人生は四十九年だという限定の仕方、と同時に、

「その四十九年も一眠りの夢にすぎない」

という認識も、かなり虚無的だ。だからこそ後段が出てくる。つまり、

「一期の栄華にしても、一盃の酒にすぎない」という認識はもっと突っ込んで言えば、

「一期の栄華も一盃の酒の酔いにも及ばない」

という解釈もできるのではなかろうか。わたしはそう読んでいる。

彼が天敵として憎んだのは甲斐（山梨県）の武田信玄である。特に信玄の信濃（長野県）進出を憎んだ。だから信濃国内の社に、

「天敵武田信玄を必ず討たせてください」

と願文を捧げている。しかしこの辺には問題がある。というのは、信濃はやはり一国

だから守護がいた。小笠原という人物だ。深志（現在の松本市）を拠点にしていた。ところがガバナビリティが乏しく、やがて彼は近隣の村上をはじめとする土地の豪族に追われてしまった。終いには、南信濃の高遠から伊那辺りまで退いてしまう。こうして信濃国内は守護の統治が行き届かない乱れた国になってしまった。

一番迷惑したのが一般の農民であり庶民だ。彼らは噂に聞いた。それは、

「隣国甲州では、武田信玄という素晴らしい領主が民思いの温かい政治を行っているそうだ。年貢も安く、またいろいろな産業振興も行われている」と噂しはじめた。そうなると、温かい領主のいない信濃国の領民たちは、

「一層のこと武田さんにこの国を治めてもらった方がいい」

という気持ちになってくる。だから謙信が言うように、

「武田信玄は信州への侵略者である」

と一概に決めつけるわけにはいかないのだ。

民衆の待望として、

「愛民の思想を持った、王道政治（仁と徳による政治）を行ってくれる信玄さんの方が

望ましい」という気持ちになるのも無理はない。いってみれば武田信玄の信州進出は、「信州国民の期待に沿って行われた行為」であって、決して一方的な侵略ではない。その証拠に、これは大胆な措定だが、現在旅してみても、長野県の史的痕跡では、かなり北の方まで信玄の影響が残っている。謙信の影響は北方の飯山とかごく一部に限られている気がする。ということは、やや強引だったかもしれないが、信玄の行政施策がある程度、当時の信濃国民に歓迎されたということではなかろうか。

戦国時代というのは決して武将同士の合戦によって動いていたわけではない。武将がなぜ合戦を行うかといえば、やはりそこには領民の期待と願望があるからである。その国を治める以上、その国に住む農民など庶民たちのニーズ（需要）を考えずには武将は存立できない。謙信も信玄も漢学に詳しい。また宗教にもそれぞれ僧籍に身を置いているのだから、当然これにも詳しいはずだ。当時の戦国武将は、古代中国の正しい政治の影響を受けている。だからほとんどが、

「治者（政治家）は船、被治者（民）は水」というたとえを知っていた。これは『貞観

政要』という古い本にある考え方だ。つまり水である民は、船である政治家が善い政治を行っているときは静かに波を立てずに船を支えてくれる。しかし船が一旦悪政を行えば、水は怒って波を立て場合によっては船をひっくり返してしまう、という意味だ。だから古代の中国の聖帝たちはこの考え方を持って、政治を行っていた。それが日本にも伝わって、

「『貞観政要』は、治者のテキストである」と言われて活用された。『貞観政要』は、唐の太宗（二代目の皇帝）が、政治の在り方について侍臣と交わした対話をメモしたものである。ついでに言えば、唐の太宗はもう一つ、

「治者が善い政治を行うためには、部下の諫言をどのように聞けばよいか」ということをテーマにしている。これは簡単に言えば、

「治者は耳に痛いことをきちんと受け入れ、間違った道を歩いてはならない」

ということなのだが、いつの時代でもこれはなかなか難しい。トップはともすれば〝耳あたりのいい誉め言葉〟を求め、〝耳に痛い戒めの言葉〟を嫌うからである。

信長や謙信が出たついでに、豊臣秀吉たち同時代の人物の辞世を紹介しておこう。

○豊臣秀吉

露と落ち露と消えにしわが身かな　浪速《なにわ》のことも夢のまた夢

悟りきったような歌を残しているが、死に面した時の秀吉の死に様は、誠にみっともなかった。晩年に彼は二人の男の子を愛妾の淀殿に産ませたが、先に生まれた子はすぐに死んでしまった。後に産まれたのが秀頼である。彼はこの秀頼に自分の一切を引き継がせたかった。そのために枕頭に並んだ、五人の重臣すなわち徳川家康・前田利家・毛利輝元・宇喜多秀家・上杉景勝などに対し、布団の中から「頼み申す、頼み申す」と、涙ながらに哀願している。あれほど若いころから闊達で明るく、人々の心を掴んで〝人たらし〟の異名をとっていた秀吉にしては、信じられないような死に様だ。それほど彼は秀頼に政権を譲りたかったのである。しかし、そうであれば秀吉はすでに、「政権を私物化している」と言われてもやむを得ない。すでに彼の眼中には日本国民の存在はない。あるのは我欲と我執だけだ。

わたし自身の物を書く態度についていえば、歴史上の人物の「成功後の生き様」にはあまり関心がない。

「成功するまでの努力のプロセス」に関心がある。上昇志向によって、何とかして高いハードルを越え、塀を乗り越えて志を遂げようとする人間の情熱と努力に関心が湧く。

いってみれば、

「その事が成るまでの過程に興味があるので、事を成し遂げた後の生き方などどうでもいい」

というのが、わたしの歴史の見方なのだ。そのため、成功後の秀吉の生活にはあまり関心がない。尾張の一農民の家に生まれ、織田信長の家来になって、草履取りから武士になり、侍大将になり、やがて信長の死によって天下人に達していく秀吉の、日本歴史にも珍しい生き様に魅力を感ずるのだ。だから彼の死に際の醜い姿は本当を言えばあまり見たくない。そして、ここでいう、

「浪速のことも夢のまた夢」

というのも、浪速というのは大坂のことだから、おそらく大坂城で死ぬ自分と、その

後を託したい秀頼のことで頭が一杯だったに違いない。しかしこの「頼み申す」という約束は、ついに守られなかった。彼の死後関ヶ原の合戦が起こり、豊臣家の家臣たちは真っ二つに割れてしまうからだ。そして、石田三成と争った徳川家康が勝利を占める。

秀吉は結構歌心があったので、これは自作かもしれない。多くの偉い人たちは普段から、

「死んだ時の辞世」

を意識していて、文才のある家臣にいろいろ古い歌などを調べさせ、練り上げてそれを「自分の辞世」としていた節が多分にある。秀吉の歌もそういう歌心のある家臣たちによって練られたものかもしれないが、この辞世にはやや嘘がある。というのは当時の秀吉は、

「浪速のことも夢のまた夢」などと格好つけて美辞麗句を並べているような心境ではなかったからだ。彼は死ぬ少し前から何度も徳川家康や前田利家などのいわゆる〝五大老〟や石田三成たち〝五奉行〟たちから誓文をとり、

「秀頼のこと、頼み申す、頼み申す」

と何度も頭を下げている。公私混同も甚だしく、晩年の秀吉は政治を私物化したように思えて哀れにも思えるが、一方では、

「秀吉らしい親心が正直に示されている」

と見る向きもあるだろう。秀吉は不安で仕方がなかった。それはまだ秀頼が幼年だったからである。そして正直に言ってこのころ本当に信頼できる腹心がいなかった。家康はタヌキ親爺だし前田利家は頼りない。他の三老も、虎視眈々としていてどこまで信用していいかわからない。石田三成だけが信頼できるが、これも経済官僚であってソロバンをはじいては見事だが、本当に武将あるいは政治家としての力量はどの程度のものであるのかまだ測り切れないものがある。つまり頼り切れる大樹にまで育っていない。したがって秀吉にすれば、

「死んでも死にきれない」

というのが、偽らざる心境だったろう。それが、

「浪速のことも夢のまた夢」

などと悟ったようなことを言っているのは、やはりこの辞世が後世詠まれたときの印象を気にしていたからだ。その点同時代人で、東北の雄といわれた伊達政宗の方が、雅心があって好感が持てる。

○伊達政宗

曇りなき心の月を先立てて　浮世の闇を照らしてぞ行く

伊達政宗の家はかつては常陸国（茨城県）の伊佐地方の豪族だった。源頼朝の供をして、奥州平泉の藤原氏攻略に出かけた。この時功績があったので、陸奥国の伊達郡（福島県）を領地として与えられた。そこで地名をそのまま姓にしたのである。しかし鎌倉政権下でめきめき頭角を現し、やがては、

「陸奥探題（東北地方の長官）」と称されるようになった。この辺は自称か、あるいは正規の機関から与えられた称号なのかその辺は確かめようがない。しかし伊達家がこの陸奥探題の職名を大切にして、同時にまた自覚を持っていたことは事実である。現在で

いえば、

「われわれは東北の自治を実現し、それを保持する役割を負っている」

という、広域に亘る地方自治の責任者としての自覚である。政宗の時はこれが特に意識が高かった。そのため彼は、天下人になった秀吉が、

「今後日本国内における私戦を禁ずる。そのことを京都に来て誓え」

と命令した時も、秀吉は成り上がり者だと馬鹿にしてすぐには行かなかった。

ところがいろいろ調べているうちに、秀吉の力が容易ならざるものであることを知って、政宗はわずかな供を連れてそのころ小田原の北条氏を攻めていた秀吉の陣に行った。秀吉は怒って会わなかった。が、政宗は徳川家康や前田利家さらに千利休の取り成しによって、ついに秀吉に会ったがそのオーラに圧倒されてついに臣従した。

以来、政宗は秀吉・家康という天下人に忠誠を誓って、その枠内で東北自治を守る努力を続けた。彼の残した宮城県内の神社仏閣などは、すべて国宝になっているが建築様式はいわゆる〝桃山式〟である。桃山式というのは、秀吉時代の建築物を模倣したということだ。

彼は元々は風雅な人物である。大坂冬の陣の時に、総大将の徳川家康にはもともと戦う気はなく和睦に持ち込む気なので、包囲戦に出た。家康に従った武将は退屈した。そこで〝香合せ〟という遊びをはじめた。香木を切って火をつけ、その匂いを嗅いで「これは何の木だ」と当てる競技だ。景品が出る。その景品も、参加大名がそれぞれ自慢の品を提供する。

この時政宗は自分が水筒代わりに使っている瓢箪を提供した。みんな馬鹿にした。それでなくても政宗のことを「奥州の山猿だ」と馬鹿にしていたので、余計古い瓢箪が目に立った。しかし、その瓢箪を受け取らされた大名がいた。大名は嫌な顔をした。すると政宗が、近くの立ち木に繋いである見事な自分の乗馬を示してこう言った。

「あなたには、あの馬を差し上げます」

「なぜ?」大名は怪訝な表情をした。

すると政宗がにっこり笑ってこう告げた。

「瓢箪から駒が出ると申します」

馬をもらった大名だけでなく、周りにいた参加者もみんなあっと声をのんだ。政宗が

とんでもない風雅人であることを知ったからである。こういう政宗が詠んだ辞世だから、きれいにまとまっている。しかし、

「自分の心を月に見立て、それを先に立てて浮世の闇を照らす」

などというのは、相当な自信家だ。それほどの気概と誇りの気持ちが彼にはあったのだろう。

だから彼が家臣の支倉常長《はせくらつねなが》をローマ法王庁に派遣して、その目的（伊達家の独自な貿易権取得）が成功していたら、現在の東北地方は相当変わった地域になっていたと思う。少なくとも政宗が支配していた石巻・大船渡・気仙沼などの港は、いわゆる〝国際港〟として、海洋貿易の拠点になっていたに違いない。そうなると政宗が目指した、「東北の自治」の力がいよいよ強化されて、東北地方も今とは全く違った国際都市になっていたと思う。そんな自信のほどが、この辞世から窺われるのである。現在の愛知県が生んだ三人の天下人の一人徳川家康にも辞世がある。

○徳川家康

家康の辞世として伝えられているのは、

嬉しやと二度さめて一眠り　うき世の夢は暁の空

というものだが、どうもパンチがなくて家康らしくない。やはり彼の辞世は普段から口にしていた、

人の一生は重き荷を負いて遠き道を行くがごとし　必ず急ぐべからず

というのが相応しい気がする。彼の人生行路をそのまま表しているからだ。たとえは悪いが、美空ひばりさんの〝川の流れのように〟と同質の感じを持つ。家康の場合は、信長・秀吉二先輩の後を引き継いで天下人になったから、それまで順番を待たなければならない忍耐心が必要だった。だから彼は決して焦らず急がず自分の運命をまず甘受し、それを自分の力で切り開いていった。ウサギとカメのたとえをとれば、明らかにカメだ。スピードはない。しかし着実に歩いて行く。そして一旦先に進んだら、二度と後には戻らない。

家康は関ヶ原の合戦から三年後に武士の最高のポストである「征夷大将軍」の位置につく。それでいながら、未だに豊臣家の重臣であるという、主人が天皇と豊臣秀頼という二人に仕えるという奇妙な状況に身を置く。仕える主人は一人でいい。そのために彼はついに〝大坂の陣〟を起こす。これが慶長十九（一六一四）年のことだ。大坂の陣は冬の陣と夏の陣がある。冬の陣は慶長十九年十月にはじまり、十二月に一旦和睦する。

しかしこれは大坂城を造った時秀吉が家康に向かって、

「この城は難攻不落だ。一度では絶対に落ちぬ。だから、一度攻めたらすぐ講和し、裸城にして、二度の攻略を行えば必ず落ちる」

と、笑って説明したことがある。家康はそれを実行したのだ。夏の陣は翌慶長二十（一六一五）年五月に起こる。冬の陣の和睦の時の条件を、大坂城方が破ったというのがその理由だ。しかし、和睦の時の条件で、大坂城はさらに裸城にされていた。三の丸・二の丸は壊され、濠は本丸まで埋められてしまった。完全に攻め易い状況にあった。激戦があったが、五月には大坂城は炎上し、淀殿・秀頼母子は自決する。豊臣氏は滅びた。これによって征夷大将軍だった家康は、完全に主人を滅ぼし、日本における武士の最高職に身を委ねることができたのである。そして、家康は改元した。慶長を元和と改めた。長年の忍耐が極まったのだろう。疲れ果てたのだ。翌元和二（一六一六）年に家康は死ぬ。彼の遺訓として冒頭の「人の一生は……」という言葉がよく伝えられているが、これは、

「いつ・どこで・家康がこう言った」

という確証があるわけではない。言葉そのものが「言ったと伝えられる」ということになっている。東照宮や岡崎城などにこの言葉が石に刻まれているが、すべて「伝・遺訓」の扱いだ。信長にせよ、秀吉にせよ、そして家康にせよ、愛知県が生んだ三人の天下人の辞世というのは、必ずしも本人が確実に言ったかどうかはわからない。おそらく、普段口にしていたものを、脇にいた者が生前あるいは死後に、

「主人は申されておられた」

と口コミが伝えたものだと思う。家康の遺訓については続きがある。

不自由を常とおもへば不足なし。心に望みおこらば困窮したる時をおもひ出すべし。
堪忍は無事長久の基。怒りを敵と思へ。勝つ事ばかり知りて負くる事を知らざれば害其

身に至る。おのれを責めて人を責むるな。及ばざるは過ぎたるに勝れり

いずれもありふれた人生訓だ。しかし同じ言葉でも、

「誰が言ったか」

という〝言い手〟に拘りごとの多い日本人には、やはり偉い人が言うとつまらない言葉も意味を持つ。家康の遺訓といわれる後半もほとんどが日常に誰もが口にすることであって、別に有難味もなければすぐれた意味を持っているわけでもない。ただ家康が言ったといわれるから、重みを持ってくるのだ。冒頭の「人の一生は……」にしても、多くの人が同じような考えを持っていただろう。が、忍従を重ねて、最後に天下を取った家康だからこそ常人とは違った重みを持つのである。そしてこの心構えは、家康がかなり若い時から持ったに違いない。彼は六歳の時から十八歳まで織田・今川の人質だった。人間の心の裏を十二分に知り尽くしたはずだ。そして、

「人間とは、かくも変わるものか」

という、一種の無常観や虚無観を抱いたことだろう。その意味では「人の一生は……」という言葉は、子供のころからの彼のいわば臨終の言葉であって、幼年の時から

家康の心の一部は死んでいた。だからこそ、その死んだ心を甦らせるために、彼は重い荷を負うて長い道を歩いていったのである。わたし自身も、大した苦労はしていないがよくこの言葉を思い起こしては、

「こういうときに、家康ならどうするだろうか」

と考え、自分なりに家康の対処方法を考え出す。その意味では、この「人の一生は……」という言葉は、平凡なものだが、わたしにとっては座右の銘の一つになっている。

同じく「積小為大」の生き方をした、武骨で不器用な武将といわれていた柴田勝家にも辞世がある。彼の場合は、妻のお市が一緒に死んでいて、辞世も共に詠んでいる。

○柴田勝家・お市

夏の夜の夢路はかなきあとの名を　雲井にあげよ山ほととぎす

というのが勝家の辞世でありお市の辞世は、

さらぬだに打ちぬる程も夏の夜の　夢路をさそふほととぎすかな

というものだ。お市は織田信長の妹だが、最初湖北（琵琶湖の北方）の武将浅井長政に嫁いだ。政略結婚である。浅井長政との間に、茶々・初・江《ごう》の三人の娘を生んだ。男の子も生んだが、浅井が信長に攻められて落城する時に信長によって殺されてしまう。お市はバツ一になったが、後に信長が死んだあと織田家の重臣たちの相談によって、柴田勝家が貰い受けることになった。勝家はいい亭主だったようだ。そのためにお市も尽くし、秀吉に攻められて越前（福井県）北ノ庄城で夫の勝家が滅ぼされる時に、共にあの世へ同行した。

あまりそういう見方をされていないが、わたし自身は柴田勝家や前田利家が北陸方面の領主とされて、そのまま中央に呼び戻されなかったのは今でいう、「左遷人事」の一つだと思っている。つまり勝家も利家も信長にとっては、「管理中枢機能（本社）において自分の天下事業を補佐させるには能力が不足している」

という考え方があったのではなかろうか。晩年の信長が最も重用したのが羽柴秀吉と明智光秀の二人だ。二人とも身分が低い出身で、特に流動者だった。流動者というのはそのまま情報が歩いているようなもので、自分も情報を集めるがまた同時に発信もする。そういう便宜さを信長は重宝したのだ。したがって、頭の回転が鈍く早くいえば時代の空気が読めない人間は、信長にとっては無用のものとなる。信長は、

「時代の流れを先取りして生き急ぐ人物」

だったから、何といっても情報を大事にする。そういうニーズを利家や勝家は十分果たせなかったのだと思う。結局、利家は加賀（石川県）の金沢にずっと置かれたし、勝家は派遣された北ノ庄城で自滅してしまった。こういう点は、信長の人事というのは非常に非情だ。つまり、

「即戦力のないものは、ランクを一つ上げて遠くへ飛ばす」

という敬遠人事を行うのだ。利家は、その後豊臣秀吉によって五大老の一人に登用されるがこれは別に政治能力を買われたわけではない。

「息子の秀頼の面倒を見てくれ」

という補導役として登用されたのだ。利家はそういうことをよく知っていた。特に妻の松が知っていた。松は賢い女性だから、信長のキャラ（性格）に二つあることを知っ

ていた。一つは、優れた政治家としての資質であり、もう一つは文化人としての資質だ。そこで夫の利家に、

「あなたは政治向きではないから、信長様の文化の方を御担当なさい」

と言って、北国文化の創生とその維持に力を入れることを勧めた。利家はその通り実行し、これを代々の後継者に引き継いでゆく。そのため利家によって、金沢は観光都市というより、文化都市に仕上げられる。もう一人の勝家の方は、そういう自覚はない。彼が北ノ庄へ派遣されたのは、越後の上杉謙信に対する防衛線のためだ。しかしこの時信長は、勝家を一人で派遣したわけではなく三人の目付役を伴わせている。それが前田利家・不破光治・佐々成政である。そして彼らを通じ、勝家にこんな指示を与えている。

「何事も大切なことはわし（信長）に相談しろ。かりそめにもわしの住む方向に足を向けて寝てはならない」

普通に考えれば大侮辱だ。しかし勝家はこれに唯《い》唯《い》として従った。〝カメワリ柴田〟として名をあげた彼のことだから、勇猛心は多分にあった。しかし必ずしも風雅の心があったとは思えない。

辞世の中に二人とも「夏の夜の」という言葉と「夢路」という言葉を挿入している。これはおそらくお市の知恵によるものではなかろうか。もっと言えば勝家の辞世もお市があらかじめ作っておいたものかもしれない。そしてここで「夏の夜」という言葉がある。つまり季節が夏だったということだ。北ノ庄城が落城したのは、天正十一（一五八三）年四月二十四日のことであった。古い季節の区分によれば、一、二、三月の三か月が春で、四、五、六月が夏だ。ついでに書いておけば、七、八、九月が秋であり、十、十一、十二月が冬になる。したがって柴田勝家とその妻お市が自刃したのは気候でいえば夏のころなのである。それで夏の夜だとか、ほととぎすなどが出てくるのだ。

柴田勝家は織田家中でも最も勇猛な部将だった。それにしては、この辞世にはそういう勇壮感や悲愴感はあまりない。むしろ、文学的な香気さえ漂っている。やはりこれは、妻お市の添削というか、作歌面における影響が大きかったのではないかと思われる。そして、その方が却って勇猛な武将であった柴田勝家の最期らしい、という思いがする。

○別所長治

落城の悲劇を味わったという意味では、播磨（兵庫県）の三木城における、別所長治一族の最期も悲惨だった。攻略の指揮者は羽柴秀吉だ。信長の命令によって、中国平定の一環として実行した。中国地方を制圧するためには、何といっても今の兵庫県を完全に手中に収めなければならない。そのとば口にあったのが三木城だ。しかし城主別所長治はなかなか強硬な若武者で、また領内における統率力も優れていた。領民からもかなり尊敬されていた名将だ。そのためなかなか落ちない。長治は一旦信長に協力したが、やがて自立心を取り戻し背いた。信長は怒った。秀吉に、

「必ず、三木城を落とせ」

と命じた。このころはまだ生きていた軍師竹中半兵衛と、新任の軍師黒田官兵衛が秀吉の脇にいた。したがって、作戦の大半は竹中半兵衛が立てたと言っていい。半兵衛は三木城攻略の途中で死んでしまうから、後を官兵衛が引き継ぐ。しかし作戦内容はおそらく半兵衛が立てたものを、官兵衛がそのまま踏襲したと言っていいだろう。作戦は残

酷なものである。いわゆる〝干し殺し〟だ。城中への食糧や水などの補給路を全部断ち切ってしまう。はっきり言えば、

「城内の将兵を日干しにする作戦」

である。半兵衛の作戦か、秀吉の将としての一点かわからないが、干し殺し作戦を展開する過程において、秀吉は、

「少なくとも、城からの脱出口を一か所開けておけ」

と命じた。干し殺されるのが嫌になって、脱出する将兵もいるだろうという判断だ。そもそも秀吉は、下層から成り上がった将なので、人情味がある。下情にも通じている。したがって、

「城内の将兵にしても、日干しにされるよりも実際には武器を取って、華々しく討ち死にする方が本望ではないのか」

とも思っていた。しかし、信長の厳命なので何としても早い機会に三木城を落とさなければならない。そのために、山中鹿介たちが籠っていた上月城も見捨てたのだ。このころの軍事上の約束は、信長よりもむしろ前線の司令官である秀吉がまとめていたから、

上月城を見捨てたことは秀吉の心に深い傷を残した。その直後に、三木城の干し殺し作戦だ。さらに心が痛んだに違いない。しかし敢行しなければ信長に対する忠誠心が崩れてしまう。

細かい経緯はともかくとして、三木城はついに落ちた。この時、城将の別所長治をはじめその妻や子供たちがすべて辞世を詠んでいる。次に紹介しよう。

今はただうらみもあらじ諸人《もろびと》の　命に代はる我身と思へば（別所長治）
もろともに消えはつるこそ嬉しけれ　後れ先立つならひなる世に（長治の妻）
命をも惜まざりけり梓弓《あずさゆみ》　末の世までの名を思ふ身は（別所友之　長治の弟）
頼めこし後の世までの翼をも　ならぶるほどの契りなりけり（友之の妻）
後の世の道も迷はじ思ひ子を　つれて出でぬる行末の空（別所吉親の妻）

別所長治が羽柴秀吉に申し入れた「降伏の条件」の内容は、
「信長公への抵抗の責任者は自分（長治）と弟の友之、それに叔父の吉親が主戦論者だった。したがって、この三人が腹を切る。どうか、城内に籠った将兵と一般領民の命は助けてもらいたい」

というものであった。前に書いたように若年であるにもかかわらず別所長治の名君ぶりは城下町や農村にもよく浸透していたので、彼を慕う領民が多かった。だから戦闘員のほかに、非戦闘員である一般領民もかなり三木城に立て籠っていたのである。長治の辞世にはそのことがよく表れている。つまり〝諸人の命に代わる我身〟という認識だ。

「多くの人々の代わりとなって、自分が身を捨てる」という認識だ。この辺は、いわゆる地域のトップとして、地域行政に責任を持つ連中の共通した責務感だった。

「いざとなった時に、一人だけ逃げ出さない」

という美学はみんなが持っていたのである。別所長治が腹を切ったのはわずか二十三歳だ。弟の友之は二十歳だった。それも数えだから、今でいえばティーンエージャーだ。しかしそんな歳の若さにもかかわらず、

「責任あるトップとしての心構え」

をきちんと持っていたのである。秀吉はこれを了承した。三木城の門が開かれ、どっと中に籠っていた将兵や一般領民が脱出してきた。秀吉は、

「どこへでも行くがよい。ここに住みたい者は住め。仕事は与える」

と宣言した。三木の町は、住宅の復興からはじまった。大工が在来の技術者だけでは足らず、諸国からどんどん招いた。この時道具を持ってきたがばらばらだった。これを統一するために旧住民と新住民が相談して〝新しい金物〟を考え出した。これが現在も続く〝三木は金物の町〟というC・I（コミュニティアイデンティティ。地域特性）を生むきっかけになる。そして自分たちの町を焼き払って廃墟にしたにもかかわらず、秀吉は憎まれなかった。このいわば〝人災による滅びた町〟の復興者として、逆に慕われたのである。それは秀吉が、

「旧住民も新住民も共に、当面負担はさせない」

と、税や課役の負担を免じたためだ。敵を愛するなど普通なら考えられないが、この場合は特別だった。そして秀吉がそうしたのも、別所長治の判断によって、自身と弟と叔父の三人が、腹を切って城に籠っていた他の連中の命を助けたことも大きな関わりがあった。

別所長治たちの行動は後世にも長く慕われて、現在でも長治が腹を切った日には、有志が集まって偲ぶ会を営んでいるそうだ。歴史というのは概して「勝者の記録」になり

がちだが、日本人は〝滅びた者への共感〟を抱く美風がある。別所長治たちを偲ぶ人々の心の底には、やはりそういう美談が〝日本人の心〟として、まだまだ色濃く残っていることを示している。そしてそのきっかけとなるのが、長治たちの辞世なのだ。

○清水宗治

秀吉の兵糧攻めで有名なのが、もう二城ある。備中（岡山県）高松城と、鳥取城の包囲戦だ。両方とも、川を利用して水を注ぎ込んだ大きな沼を作り、城を孤立させた作戦である。備中高松城は当時織田信長が対立していた毛利氏の最前線基地だった。城将は清水宗治である。毛利家の直臣ではなく、毛利圏内の豪族だった。しかし毛利氏に請われて、高松城の守備を務める城将になっていた。この時は、天正十年六月二日早暁に、織田信長が京都の本能寺で明智光秀に殺されるという予期しない事件が起こった。そこで秀吉は参謀たちと相談をし、急遽毛利氏側に和睦を申し込んだ。ただ条件として、

・毛利氏の領国を数国割譲する

・　備中高松城主清水宗治は切腹させる。ただし、城内に籠る将兵並びに領民はすべて助命して解放する

という条件を突きつけた。

まだ信長の死を知らない毛利方（あるいは知っていたという説もある）は、これをのんだ。孤立した島のような高松城から出た清水宗治は、一艘の船を浮かべてその中で、見事に腹を切って果てた。その時の辞世が、

浮世をば今こそ渡れ武士《もののふ》の　名を高松の苔に残して

と詠んだ。地名をそのまま入れているから、これはその時に詠んだものだろう。あるいは、すでに落城を覚悟して一日も前から、

「あらかじめ辞世を用意しておこう」

というつもりで、作歌されていたものかもしれない。湖のようになっていた城を囲む水を見て、宗治の心にはいろいろな思いが経《へ》めぐっていたに違いない。しかし一貫してこの時代に自決する大名などにとってはやはり「自分の名」というのは非常に気にかかるものであったらしい。だから死ぬ前に必ず、

「後世に自分の名を残したい」

という素朴な欲望が辞世にありありと反映する場合が多い。たとえば、足利十三代将軍の義輝は、家臣の三好一族や松永弾正（秀久）などによって殺された。いわゆる〝下剋上〟である。この時の辞世が後出の

五月雨はつゆか涙か時鳥　わが名をあげよ雲の上まで

というものである。わが名があがるどうかは、後世の人間が決めることであって、自分ではなかなか決められない。しかしトップの座にいた人々はやはりこの、

「わが名をあげたい、残したい」

という願望は共通するものであって、単に今生きているわれわれが「勝手なことをほざくな」などと言って、その欲望をひとつのエゴイズムとして笑い去るわけにはいかない。本人たちにとっては必死だったはずである。そしてこの「名を残す」ということに、あるいはその人物が生涯のエネルギーのほとんどを注ぎ続けてきたかもしれないのだ。必死の努力である。そういう努力を簡単に笑い去るわけにはいかない。

○千利休

無念の死といえば茶人の千利休もそうだ。利休は茶頭をもって、「芸術も政治と肩を並べる力を持っている」

ということを、身をもって示した人物である。しかし利休のそういう生き方を発見したのは織田信長だ。信長は当時の利休の住む堺という町が、大名の支配ではなく「商人の自治を重んずる合議制」によって成立していることを知っていた。信長が最初に堺を訪ねたのはおそらくここの商人たちが輸入する鉄砲の購入にあったと思う。その時、利休に会った。利休はすでに茶人として名を高めていた。商売は記録によれば〝とと屋（魚屋）〟であり、また栄えていた堺の港に出入りする船から、一時期品物を預かる倉庫業者でもあった。いわゆる倉敷料を取って営業する商人である。が、彼は商人でありながらその気位は高かった。わたしは、信長と利休の出会いを次のように想像している。

利休は信長を「市中の山居」へ案内した。市中の山居というのは〝町中の侘しい小屋〟という意味で、彼の茶室だ。茶室へ入る前に利休は信長におそらくこう言ったはずだ。

「にじり口からお入りください」

信長は異議を唱えた。

「こんな小さな入り口では立ったまま入れないし、刀を差したまま入れない」

利休は、

「では、身をお屈めください。お腰の物はお付の方にお預けください」

好奇心旺盛な信長は腹を立てずにこれを実行した。茶室に入ると、利休はすでに湯を沸かして茶を入れる準備をしていた。信長が、

「利休、狭い入口から入ったので頭をぶつけたぞ」

と言うと、利休は笑った。しかしこう言った。

「身をお屈みになってにじり口からお入りになった時に、あなたの御身分は二つの物を失いました」

「二つのものとは何だ」

「一つは天下人様という御身分でございます。つまり肩書でございます。もう一つは天

下人様としてお治めになっていらっしゃる日本国の代表というお立場でございます」

「?」英明な信長にもすぐにはわからなかっただろう。しかし信長は考えた。それは（一介の魚屋であり倉庫業者であるこの商人が、天下人であるわしに向かってなぜこれほど堂々たる口が利けるのだろうか）ということだ。


信長は思い当たる。「それは利休が茶人だからだ。つまり芸術家だからだ」この悟りによって、信長は新しい日本人の価値観を発見した。そのころの信長は依然として「一所懸命の思想（土地至上主義）」にうずまっている社会状況をどうにかして変えたいと思っていた。土地だけに拘っていたのではやがて行き詰まる。日本はそれほど広くない。この時信長が感じたのは利休の持つ堂々たる姿勢の背骨（バックボーン）に〝文化〟があると感じたことである。

信長はそうかと膝を叩いた。つまり「土地に代わるべき日本人の新しい価値観とは文化なのだ」と思い立ったのである。以後の信長は、拠点である安土城からしきりにこの文化政策を展開する。それは文化事業を行うという意味ではない。国民生活を支えている衣・食・住の三つに、それぞれ文化という付加価値を加えることだった。そのことによって、生活内容が向上し、同時に消費力が高まり経済も成長する。信長が展開した〝安土文化〟とこれに引き続く豊臣秀吉の〝桃山文化〟は、「土地に代わる文化という価値観によって成長させた経済政策」と言っていいだろう。

だから信長は決して文化というものを政治の下位には置かない。同等だと考えていた。その証拠に彼は職業別に「天下一」の称号を与えた。今でいえば、モノづくりの世界や文化的営為を行う人の中から、一番優秀な人を選んで「天下一」の称号を与えて、たとえば十一月三日の文化の日に表彰するようなものだ。これによって、いろいろな分野で優れた人物がどんどん輩出した。つまり信長は文化における各分野の存在を政治と同等の立場に置いたのである。決して差別的な高低的扱いをしなかった。これが信長の優れたところだ。そのために衣・食・住各分野に亘って、文化的製品がどんどん生産され、同時にそれをつくる人々が自分の仕事に自信と張合いを持った。同時に報酬も得られた。埋もれていた画家をはじめとして、書の達人やモノづくり世界における大工・左官・石工・花づくり・焼き物づくりなどがどんどん自信を得て日本の社会に進出したことはあまりにも歴然としている。

ところが信長の後を継いだ豊臣秀吉となると違った。秀吉は「すべて政治が優先する」という考えでしかも「その頂点に立つ自分を超える存在は認めない」という偏狭な態度をとった。信長がせっかく設けた「天下一」の称号もすぐ廃止してしまった。秀吉にとっては「あらゆる分野で活躍する優秀な者も、わしの膝下に屈する存在である」という傲慢な気持ちを持ったのだ。

これに常に抵抗していたのが、身近で茶頭として仕えていた利休だ。利休はよく信長と秀吉を比較した。そして（信長公の方がはるかに器量が大きい。少なくとも信長公は文化を制度と同じ立場に置いておられた）と思う。したがって、利休にすれば自分の発見者は信長であって、秀吉ではないからそういう色がちらちら出る。秀吉は怒った。そして何か理屈をつけてついに利休に腹を切らせてしまった。

しかしこの時切腹という方法を使ってあの世へ旅立ったのは秀吉の命令ではない。利休自身が選んだ方法だ。この時の彼はおそらく、

「武士だけが武士ではない。武士の心を持った人間もいるのだ。それは商人であるわしがいい証拠だ。そして、商人のわしを武士足らしめるのはやはり茶道という文化の精神だ」

と考えた。彼の死に面しての言葉は漢詩である。訳すと次のようなものだ。

提ぐる我得具足の一つ太刀　今この時ぞ天に抛《なげう》つ

まるで、落城に面した一角の武将が詠むような辞世である。しかし利休にはそれだけの学力があり、また気力もあった。利休が告げたのは、

「この世は形式による身分差別など意味がない。誰もがなりたい身分になり得るのだ。だから、大名や将軍にしても誰もがなり得る」

という基本的な考えで、

「自分は商人だが、商人としてだけでなく武士として立派に死んでみせる」

という気概を持ったのである。この気概を支えていたのが、織田信長が初対面で感じた「利休の文化精神」であった。

利休が腹を切った日、京都の町は黒雲に覆われ、雷鳴がとどろき、激しい雨が降った

という。この現象は、平安の昔に宮廷から謀略に遭って九州に追われた菅原道真の故事と同じだ。誠実であるが故に朝廷から追われる道真の無念さを天が代わって京都に示したという受け止め方を京都市民はしている。利休の死もそれと同じように無念さが溢れ、それを天が代わって表現したということだろう。漢詩での辞世というのは、他の武士にもあまりない。というより皆無に等しい。それをあえて行ったところに利休の利休らしさがある。

○陶晴賢

文化との関わりで、その死が無念さに溢れていたという意味では、周防（山口県）の陶晴賢《すえはるかた》がいる。文化大名として有名であり、周防に京文化を取り入れ〝大内文化〟を実現した大内義弘の家老だった人物だ。大内義弘は、日本本州の西端にあって、天下に名を高めた戦国時代の武将だ。早くから、堺港を利用して海外貿易にも乗り出し、文化製品を自国に取り入れては京文化とないまぜにした独特の〝大内文化〟を実現させた。しかし、この傾向を家老の陶は「非常に危険だと感じた。この動乱の世に文化に現を抜かしているようでは国を亡ぼしてしまう」

と案じたのである。そこでしばしば主人に諫言したが、聞いてはもらえない。ついに陶は心を決して主人を亡ぼしてしまう。当時でも謀反や主殺しは大きな罪として世の指弾を受ける。これを口実にして、陶征伐に乗り出したのが毛利元就だった。当時野望に満ちていた元就にすれば、格好の口実だった。つまり、元就も大内義弘に仕えたことがあるし、また息子も随分世話になったので、

「主人の敵を討つ」

という名目を立てることが容易だったわけである。彼は軍を率い、嵐に乗じて有名な〝厳島の戦い〟を展開し、陶を亡ぼしてしまう。この時活躍したのは瀬戸内水軍だった。息子の小早川隆景をはじめとして、仲間である四国の村上水軍まで応援した。水軍が積極的に合戦に参加し、大きな成果を上げたのはこの厳島の戦いが有名だ。殺された陶は辞世を詠んだ。

何をおしみ何をうらまんもとよりも　このありさまの定まれる身に

というものだ。しっかりした歌だと思う。

無駄がない。したがってこれは陶晴賢の心の声だと見ていい。ただ底にあるのは当時流行の諦観や無常観だ。運命論だ。いってみれば自分の運命はすでに決まっていて、それを着実に辿っているのだから、ここへ来て何かを惜しんだり、恨むようなことは何もない。もともと自分の運命はこうなるように決まっていたのだから、という運命にそのまま素直に従った心根を詠っている。

わたしの若い時代はフランス映画が盛んだった。特に、ジュリアン・デュヴィヴィエやルネ・クレール、マルセル・カルネなどの作品には、このペシミスティック（虚無主義）が色濃く漂っていた。ジュリアン・デュヴィヴィエの作品に〝商船テナシチー〟というのがある。やはりペシミスティックな作品だったが、そのラストシーンにシャルル・ヴィドラックの詩がちらちらと浮かんで映画が終わる。その詩は、

「運命は従う者を潮に乗せ、拒む者を曳いて行く」

というものだった。運命に従う者は加速度をつけて運命の愛する存在になるが、嫌

がって逆らおうとする者も運命の力は大きく引っ張って行く、という意味である。つまり、

「運命の力は大きく、従っても逆らっても結局は運命の潮に乗らざるを得ないのだ」

という、ニヒリズムである。これが一時期流行った。若いわたしなども相当にかぶれたものだ。いわば〝虚無オタク〟になっていた。その意味でいうと、主に戦国時代の武将でその悲劇的な運命に殉ずる、という立場に立たされた人たちが沢山いる。いわゆる〝悲劇の主人公〟である。主に力関係や、当時の政治状況によってその運命を甘受せざるを得ない。この訪れた悲運に対して、甘受する武将たちは意外と潔い。つまり、

「甘んじて、その悲運を受け止める」

という態度をとり、清らかに腹を切り、あの世へ旅立って行くのだ。これは、当時の武士にも共通した、

「あの世信仰」

があるためではなかろうか。この世のことを〝浮世〟という。しかしこれは本来〝憂き世〟であって、苦しみや悲しみに満ちたものだ。それが死によって解放される。死後

の世界は人によっては地獄へ行く者もいるだろうが、多くは、

「極楽へ行ける」

と信じている。極楽は西方にあるといわれ、〝西方浄土〟と認識された。したがって、

「どんなに現世で苦労しても、死ねば安楽な苦労のない世界へ行ける」

ということを素朴に信じていたのではなかろうか。江戸時代初期の天草・島原で起こったキリシタン一揆の信者たちは、この考え方を最もダイレクトに信じていたグループだ。


戦国時代の宗教は主に「禅」だった。禅はあまりあの世のことは語らない。現世のことを語る。だからこそ、生死の間を始終往来する戦国武士に信仰者が多かったのだろう。しかしそういう現世を重んずる武士たちにしても、心の隅ではやはり、〝あの世〟の存在を信じていた節がある。だから、たとえ悲運に死ななければならない人たちにあっても、その辞世はどこかすがすがしく明るい。〝来世信仰〟の考え方が確固としていたからではなかろうか。この運命の潮に自ら乗って、自ら滅びた武将に石田三成がいる。

○石田三成

　戦国末期に生きて、豊臣秀吉に殉じた男だ。近江（滋賀県）出身で、その特性は、「平和な時代の官僚の走り」と言っていい。戦国時代に活躍した武士たちを〝武功派〟というが、それに対して石田三成たちのような存在を〝文治派〟と言った。現在でいえば、制服組ではなくスーツ組である。時代はそのように転換していた。豊臣秀吉は武功派をうまく使って織田信長の後を継いで、平和な日本社会を建設することに成功した。そうなってくると、今までのように、事ある度に、

「やあやあ遠からん者は音にも聞け」

　と名乗りを上げて、刀や槍を振り回していた時代の武功派の連中は役に立たない。今でいえば、貸借対照表が読め、パソコンが使えるようなタイプの部下でなければ困る。石田三成は早くからそういう才幹を持っていた。しかし時代の転換期には、得てしてこういう新しいタイプの人物は嫌がられる。古い世代が自分たちの権益を守る立場からも、容易に認めないからだ。

石田三成は、たとえば武功派の代表であった黒田如水（官兵衛）と対立的に見られる。しかしこれは、石田三成の責任ではない。同時にまた黒田如水の責任でもない。黒田如水はあくまでも〝武功派〟であり、石田三成は〝文治派〟だ。これは、本人たちが望んだわけではなく、何回も書くが運命がそういう時代の転換を図ったからである。したがって、武功派である黒田如水が時代を察知して直ちに文治派に自己の性格を変えることができれば別だが、そうでなければやはり、

「置き残されてゆく存在」

にならざるを得ない。しかしそうはいっても、やはり運命という潮が存在するならば、〝拒む者も曳いて行く〟という、その〝曳かれる〟存在にならざるを得ないのだ。

したがって二人の争いはよく「両者の権力争いだ」と見られるが全く違う。強いて言うならば、時代と時代の争いなのだ。戦国時代と平和な時代との争いなのである。したがって時代の背景が違えば、その時に活用される人物のキャラクターも変わってくる。

石田三成は〝早すぎた才幹〟を持っていたために悲運に遭ったのである。

その意味でいえば、時代の移り変わりを逸早く察し、

「これからの日本はどうなるか。その変化する日本で自分はどう生きればいいか」

ということを、必死に模索したのが実は豊臣秀吉なのである。秀吉は天下人だ。しかし天下人の座というのは安泰ではない。それは社会状況が変わるからだ。社会状況を変えるのは国民である。したがって、

「日本に住む人々は、これから何を求めるか、どのような社会を望むのか」

といういわば〝政治行政のマーケティング〟をきちんと行わなければ、天下人の座は揺らぐ。秀吉は敏感だった。そして、織田信長の後を受けた日本社会は秀吉の意思も含めて平和経営の国にする、という考えを持っていた。それを実現した。そうなると今度は、

「平和国家の維持」

が命題となる。その平和国家を維持していく上において、秀吉は一人ではできない。やはり今までと同じように有能な部下が必要だ。しかしその有能な部下は、ただ武器を振り回し「やあやあ遠からん者は音にも聞け」などと、芝居がかったセリフを大声であ

げるようなタイプでは困る。静かに机の前に座って、今でいうバランスシートを睨み、ソロバンをはじいて、「数字による国家経営」を案出できるような才能を持たなければならない。石田三成はそれに長けていた。しかし、こういう転換期にはどうしても組織の改革が必要になる。組織改革をスムーズに行うためには、成員の意識改革が必要になる。ところがこの意識改革が一番難しい。改革には三つの壁があるといわれる。物理的な壁（モノの壁）・仕組みの壁（制度の壁）・心の壁（意識の壁）だ。この中で一番変えにくいのは心の壁である。つまり、人間というのはもともと変革を嫌がる性格を持っている。いわゆる現状維持のままで生きていきたい。したがって、「そこも変えろ、あそこも変えろ」などと強制されれば、反発する。終いには抵抗して反乱を起こす。改革がうまく進まないのは多くはこの「心の壁」がなかなか破壊しにくいためである。戦国期から平和期への移行時も同じだった。石田三成は豊臣秀吉の信任を受けて、その改革の先頭に立った。だから嫌がられたのだ。特に武功派が三成を憎んだ。

本来は平和志向であるくせに、この武功派たちをうまく使って三成を失脚させたのが徳川家康だ。家康の本来は秀吉がはじめた「日本国の平和経営」を、完全なものにし、長く維持したいと願っていた。それにはやはり石田三成のような文治派が必要になる。しかしずるい家康はそれを顔に出さない。というのは当時家康を支持していたのは意外にも武功派の面々だったからである。それも豊臣秀吉によって引き立てられた大名ばかりだった。これが揃って三成を憎んでいた。家康の本心は三成的な政治手腕を発揮したいのだが、当面そうはいかなかった。そしてこの武功派連中をうまく利用し、三成を失脚させて故郷の近江佐和山城に追い込んでしまった。そして死ぬ直前の秀吉と誓った誓いの条々を片端から破りはじめた。佐和山城に戻った三成は憤慨し、ついに、
「打倒家康」の軍を挙げる。

三成は徳川軍に捕らえられて京都鴨川の畔で斬首された。特に辞世はない。しかしこの時彼は車に乗せられて京都市中を曳きまわれたが、途中でのどが渇いた。そこで警護の兵に、

「水が飲みたい」と言った。警護の兵は、

「囚人のくせに贅沢を言うな。水などない」と応じたが、たまたま柿を持っていたので、

「水の代わりに柿を食え」と言って差し出した。

三成は首を横に振って拒んだ。理由は、

「柿を食うと腹を壊す場合がある。今は腹を壊したくない」と言った。警護の兵たちは嘲笑った。

「すぐ首を斬られる身でありながら、何が腹を壊すだ。チャンチャラおかしい」とせせら笑った。

三成は警護の兵たちを睨みながら静かにこう言った。

「スズメのようなおまえたちにはわしの気持ちはわかるまい。わしは命ある限りはお前たちの主人徳川家康を狙う。そのためにはたとえ首を斬られる寸前であっても健康を害するわけにはいかないのだ。だから柿を食わぬ。この気持ちは、到底お前らには理解できまい」

と、逆に警護の兵を嘲笑した。兵たちはその凄まじい勢いに首をすくめて顔を見合わ

せたという。したがって強いて言うならば石田三成の最後の言葉は、

「柿は食わぬ。腹を壊すと困るから」

ということになるだろう。これもまた、山中鹿介と同じように執念の産物だ。三成は、体ごと、

「徳川家康を倒したい」

という願望に命を燃やし続けたのである。しかし、これは悲願に終わった。三成を一部では、

「権謀術策に溺れた官僚であり、周囲の者の足を引っ張り続けた」

と見る節がある。が、わたしは必ずしもそうは思わない。あくまで、

「近江出身者として、数理に明るい近代官僚であった。そして自分を発見してくれた豊臣秀吉に最後まで忠誠を尽くした」

と見ている。理財官僚のクールさの底に、日本的情念を湛えていたのだ。

○大谷吉継

石田三成の友人に大谷吉継《おおたによしつぐ》という武将がいる。業病に悩まされていた。しかしそれを承知の上で、秀吉に推薦したのが三成だった。したがって吉継は三成に恩を感じていた。ところが三成と家康が完全に対立した時、吉継は時代の先を読んで、家康に味方した。というのはもう一つ理由があって、

「三成は才人だが、徳が無い。そのために人に憎まれる。とても多くの人の先頭に立てるような人物ではない」

と見ていたからである。吉継の考えでは、三成がたとえ打倒家康の軍を起こしたとしても、味方が少ないから必ず負けると思っていた。彼には業病があったので、やはりそれは自分だけの問題ではなく、仕える部下たちの生活を考えるとその家族を含めて、何とかして大谷家を長持ちさせたいと願っていた。ということはやはり、

「これからの天下を支配するのは誰だろうか」

という、最高権力の所在を調べる必要がある。吉継の考えでは、秀吉の後はやはり徳

川家康だと思っていた。だから彼はためらうことなく関ヶ原の合戦では家康に味方することを考えたのである。

彼の領地は北陸の小浜（福井県小浜市）である。三成の世話によって秀吉から与えられた領地だ。関ヶ原へ向かうために北陸路から近江路に入った。途中、佐和山城にいる三成のところに寄った。この時三成が、家康の背信行為をなじり、大義名分を立てるために自分は豊臣家を擁護する。おぬしも味方してほしいと言った。吉継は考えた。ここは吉継のいってみれば〝日本的な心情〟である。理屈としては、家康に味方した方が大谷家の安泰が保証される。それは明らかだ。しかし吉継は考えた。それは、

（自分が今日あるのは、三成のお蔭だ。恩を忘れるわけにはいかない）

という、いわば武士道というか、武士としての義理の問題だ。吉継は三成に味方することに心を決めた。しかしこう言った。

「おぬしに恩を感じているから味方する。しかし、今のままではおぬしは勝てないぞ。なぜなら、おぬしは仁徳が無い。豊臣政権の中でも四面楚歌で味方は少ない。味方する者も、おぬしの指揮いかんによっては背くおそれがある。その辺を改めた方がいい」

三成は苦い笑いを浮かべ、頷いた。

「そのことはよく知っている。しかし自分は新しい時代の変化に応ずるために、やりたくないことも鬼っ面をして憎まれ役を買って出ている。今更、改めるにも時間がない。つまり、自分の今までの生涯は時間との戦いだったのだ。すべて秀吉公に対する忠誠心の表れだ。その辺はおぬしもよく知っているはずだ。それを承知の上で味方してくれるならこんな嬉しいことはない」

吉継は正直な三成の言葉に感動した。関ヶ原の合戦で、吉継は大いに勇戦した。体の悪い彼は輿《こし》に乗って、体中包帯を巻いて指揮をしたという。壮烈な討死にをした。現在、関ヶ原の戦場跡には、「大谷吉継の勇戦の跡」として、彼の討死にの場所が残されている。彼の辞世は、

契《ちぎ》りあらば六の衢《ちまた》に待てしばし　遅れ先立つ事はありとも

と詠むのである。六の衢というのは仏教用語で、六つの世界すなわち、地獄・餓鬼・畜生・阿修羅・人間・天上の六つの次元を言うのだろうか。仏教用語では人間というのを〝じんかん〟と読んでいる。いずれに対しても吉継は、

「自分もすぐ行くから、遅れるか先立つかわからないが、待っていてくれ。一緒に行こうよ」

と告げているのだ。この大谷吉継に盟友あるいは彼の部下として活躍した人物が一人いる。平塚為広《ひらつかためひろ》という人物だ。

○平塚為広

平塚為広は一般に伝えられているのは、大谷吉継の部下であったという説だが、必ずしもそうではなく、

「大谷とは対等な付き合いをしていた独立した小大名だった」

という説もある。関ヶ原の古戦場跡を歩いてみると、この平塚為広の遺跡の標柱がかなり大きい。

(なぜ、平塚為広の標柱がこんなに大きいのだろうか)

と、訪ね歩いたわたしは目を見張ったことがある。この平塚為広は大谷吉継と手を組

んで勇敢に戦った。特に、戦場で裏切った小早川秀秋の軍と切り結び、壮烈な戦死を遂げた。辞世は、

君がため捨つる命は惜しからじ　つひにとまらぬ憂世と思へば

というものだ。この歌の中にある「君がため」というのは、大谷吉継だと伝えられてきた。しかし彼が吉継と同等の立場にあったとすれば、〝君〟というのは明らかに豊臣秀頼のことである。吉継の勧めによって、秀吉が平塚を大名に取り立てたので為広はその恩を忘れなかった。この辺は、吉継も同じだが、

「武士の重んずる義」

に殉じたといえる。為広にはもう一首辞世がある。

名の為に捨つる命は惜しからじ　遂にとまらぬ憂世と思へば

というものだ。後半は前の辞世と同じだ。冒頭に掲げた〝君がため〟が〝名の為に〟となっている。今となっては、当時の為広の心境を推し量ることは無理で、どちらが正しいとは言えない。しかし為広の心境からすれば、わたしは後者を取りたい。つまり、〝名の為に〟という考えを正面に押し出して、〝君がため〟ではない死に方をしたの

だと思いたい。この辺は大谷吉継にしろ平塚為広にしろ、

「武士としての誇り（名）を重んずる」

という考えがある。今では、

「ばかばかしい」

と言われかねない価値観である。が、今の時代の価値観で、戦国時代に生きた武将たちの心境を簡単に推し量るのは軽率だ。彼らは彼らなりに、やはり当時の自分の置かれた状況での価値観を重んじたのである。特に戦場で、

「どうせ敗けると決まっていても、武士らしく潔く死のう」

という、生命を懸けた生き様はやはり現在のわれわれに何がしかの感動を落とすものを持っている。一概に、

「時代が古いから、そんな馬鹿な考え方ができたのだ」

と言い切ることはできない。関ヶ原の合戦は、石田三成と徳川家康の戦いではあったがこれはトップリーダーの名が二人なのであって、これに参加した多くの人々が、

「それなりの大義観」

を持っていたことは事実である。ここで同じような悲運に泣きながらも、雄々しく死んでいった人物の辞世をいくつか紹介しよう。たとえば佐々成政《さっさなりまさ》は次のような歌を詠んでいる。

○佐々成政

このころの厄妄想を入れおきし　鉄鉢袋今破るなり

これは多少歴史に詳しい人ならすぐわかるだろうが、明らかに、「太田道灌の辞世と同じだ」ということになる。佐々成政は、北陸の富山城（富山県）の城主だった。しかし野望家で、なかなか現状に満足しなかった。時は豊臣秀吉の天下である。しかし佐々成政は腹の中で秀吉を馬鹿にしていた。彼は、織田信長の家臣でかつては北陸の方面司令官であった柴田勝家の与力を務めていた。他の与力は前田利家・不破光治である。信長は柴田勝家に北陸の北ノ庄城（福井県）を与えると同時に、この方面の支配管理を命じた。しかし単に勝家を信用して全面的な信頼を置いたわけではない。

「勝家は、かつてわしに背いた男だ。油断がならぬ」

と思っていた。信長の父が死んだ時にお家騒動が起こった。この時柴田勝家は、信長ではなく弟の信行に味方して信長を排そうとした。信長はその恨みを忘れてはいない。したがって北陸方面の支配者に任じたものの、監視役が必要だと思って前田利家・佐々成政・不破光治の三人に「与力（実は監視役）」を命じたのである。

この時の勝家に対しての訓令は厳しく、

「かりそめにも、わし（信長）の方向に足を向けて寝てはならぬ」などという馬鹿な指示を与えている。そしてそれを実行するかどうかを監視するために、前田・佐々・不破の三人を監視役として置いたのである。この時三人に対する給与は府中（福井県越前市）で十万石を与えた。これも変な人事で、つまり、

・十万石を三人で分けろ
・府中城に三人で勤務しろ

ということになる。しかし当時の信長の力関係はすさまじく、到底これに、

「それはおかしい」

などと言って反対したり、抗議することなどとてもできなかった。三人は信長の命に服した。

佐々成政は誇り高く、富山城主になった後も、天下人である秀吉を軽蔑していた。つまり、

「秀吉などは成り上がり大名であって、かつてはわしと同格だった。それが天下人などというのはチャンチャラおかしい」

という受け止め方である。これは現代でもよくある。つまり同僚ないしは後輩であった人間が社長になった時に、自分はまだ平取締役の身なので社長を馬鹿にする。今もよくあることだが、そういう人間は社長になった人物をたとえば「ナニナニくん」と〝君〟呼ばわりをする。社長と呼ばずに君と呼ぶことによって、自分のプライドを保とうとするのだ。了見は甚だ狭い。成政にはそういうところがあった。だから、

「秀吉など到底尊敬するに値しない。ひっくり返してやる」

と考えて、現在も富山地方に残る伝説の〝さらさら越え〟を行った。つまり冬のアル

プス越えをして、駿河（静岡県）にいた徳川家康を訪ね、二人で秀吉を滅ぼそうとしたのである。時代状況からすれば、そんなことができるわけがない。その意味でも、佐々成政は、

「時代を見る眼に欠けていた」

と言わざるを得ない。一時流行った言葉を使えば〝KYの人〟なのである。つまり〝空気が読めない〟という存在であった。秀吉によって、肥後（熊本県）の大名に命ぜられる。この時秀吉は、

「肥後地方は、古い豪族が多い。したがって、いきなり新しい改革を行っても抵抗が強いだろう。しばらくは、古い豪族たちの慣行に従った方がよい」

と指示した。ところが成政は秀吉の命令など馬鹿にした。そして、

「自分の力で、肥後地方を征服してやる」

と意気込み、古い豪族たちの慣行を片っ端から破り、無視した。ために反乱が起こり、成政は窮地に陥った。この時、加藤清正などが応援に駆け付けて乱を鎮圧した。

秀吉は怒り、成政を切腹させた。彼の辞世の「厄」という字はおそらく「莫」の誤り

90分で納得!! ストーリーでわかる相続A to Z

編者：あさひ法律事務所

これはびっくり！ 面白いように相続がわかる本！ 主人公・山田一郎の父の死亡から10日間の人間ドラマ。1日ごとの短編集を読み終えたあなたはもう相続の達人です！

ISBN978-4-7668-4803-8 C0232

価格：800円＋税

社員が輝くときお客さまの満足が生まれる

著者：久保 華図八

美容室バグジーの奇跡！ どん底から復活した男の愛と感動の経営。みんなが主人公！ 社員の成長がお客さまを呼ぶ！ サホ、ハチ、モトキ、コンちゃん、藤井くん、のぶ、みのる、ありがとう！

ISBN978-4-7668-4804-5 C0234

価格：800円＋税

「青」のコミュニケーションで人生を変える

著者：中島 啓子

人間関係、悩んでいませんか？ 「青のコミュニケーション」であなたの人生が劇的に変わります！ 幸せな「青のコミュニケーション」で人生を素敵に彩りましょう。

ISBN978-4-7668-4805-2 C0211

価格：800円＋税

ビジネスメンタリズム ～ライバルのいない道を歩く技術～

著者：白戸 三四郎

何の「武器」も持っていない人でも、メンタリズムを身につけ、自分の仕事と融合させることで、ライバルのいない道を歩くことが出来る可能性が高くなります。そのために、メンタリズムとは何か、メンタリストが行う技術にはどんなものがあるのか、どのようにビジネスに使うのか、そしてどんな効果があるのか、などを紹介。

ISBN978-4-7668-4808-3 C0234

価格：800円＋税

考える力を身につけて
明日の夢につなげる知恵を紡ぐ

経法ビジネス新書

ご案内

だと思う。つまり「莫妄想《まくもうそう》」というのは、「妄想する勿れ」という意味だ。死期に及んであぁでもない、こうでもないと後悔したり、ああすればよかったこうすればよかったなどと後悔するな。つまり妄想（自分の考えをややこしくするもの）など、思い浮かべずに潔く運命に従えという意味だろう。自分が軽蔑し抜いた秀吉に切腹を命じられ、それに従わなければならぬ運命に巡り合った成政は、まさにシャルル・ヴィドラックの〝商船テナシチー〟における、

「運命は従う者は潮に乗せ、拒む者は曳いて行く」

という詩の、〝拒む者〟である。しかし、その運命から逃れることができずに、運命に曳かれたまま腹を切らなければならなかった境遇に、彼ははじめは腹を立てたに違いない。しかし、これも運命だという武士の潔さに立てば、

「逆らっても無駄だ」

という心境になる。切腹の命令を受けた以上は、

「運命の導くままに曳かれて行こう」

という、一種の悲劇の船の立場に立たざるを得なかったのである。

○太田道灌

佐々成政が引用した太田道灌の臨終の歌というのは、

昨日まで莫妄想を入れおきし　へんなし袋今破りけり

というものだが、道灌には辞世がもう一つある。

かかる時さこそ命の惜しからめ　かねて無き身と思い知らずば

というものだ。

実際には主人上杉定正の謀略に引っかかって、その新しい家の風呂場で殺される時に道灌は、

「莫妄想！」

と叫び、さらに、

「当家滅亡！」

と叫んだという。

一つは、主人でありながら自分を新しく建てた家に招いて、「まず風呂に入ってこい」

と言って、刺客を忍ばせ、闇討ちにしたという事実に怒りを覚え、

「こんなことをするようでは、この家も長くはない。すぐ滅亡する」

という、いわば最後の尻をまくった恨みの言葉を口にしたのだが、同時にまた、自分自身を振り返って、

「こういう目に遭っても、余計な妄想をするべきではない（莫妄想）」

と自戒したのである。

佐々成政が自分の最期を太田道灌に比した気持ちはわかるが、必ずしも立場は同じではない。太田道灌は完全に、主人の上杉定正を信頼し、最近はどうも主人のお覚えがよくなく、逆に警戒されているという意識を持ちながらも、

「太田よ、新しい屋敷を建てたから見に来い」

と誘われれば、のこのこ出かけて行くような人の好さがあった。この人の好さというのは、主人に対する信頼感であり、忠誠心である。道灌は相当な政略家ではあり、同時に和歌の達人で文化人であったが、だからといって、自分を警戒する主人にこちらから不信感を持つようなことはしなかった。あくまでも、

「主人に対しては誠心を尽くして忠義でなければならない」

という武士の基本はきちんと心得ていた。だからこそ部下たちが、

「危険ですからおやめください」と懇望して袖を引き留めたにもかかわらず、

「いや、まさか主人が自分を欺くようなことはするまい」

と言って、これを退け出かけて行ったのである。しかし部下の心配どおり、主人の上杉定正に道灌の誠心など通用はしなかった。したがって風呂場で殺された時の道灌は、本当に無念だったに違いない。太宰治的にいえば、

「神に問う、無垢の信頼は罪なりや」

という問い掛けを、天空に向かって放ったに違いない。こういう意味で戦国時代の辞世を考えると、やはり悲運に倒れた人たちのものが胸を打つ。清水宗治のところで一度紹介したが、第十三代の室町幕府将軍で、家臣の三好一族や松永久秀などによって殺された足利義輝の辞世は、次のようなものだ。

○足利義輝

五月雨《さみだれ》はつゆか涙か時鳥《ほととぎす》　わが名をあげよ雲の上まで

素直な辞世だと思う。丁度気候が夏のころだったのだろう。五月雨や時鳥などという季節の現象や鳥を入れている。時鳥は鳴き声が悲しい。だから、

「天高く飛んで行って、おれの名をあげてくれよ」

という素朴な願いを告げている。時鳥は最後の一声に切実な哀感が込められているという。それに託したのだろう。

義輝は当時の将軍としてはいたずらに京都の文化に沈湎した風流人というだけではなく、剣法にも達者だった。塚原卜伝から剣法を習い、攻められた時も十数振の刀をあちこちに差しておいて、奮戦した。刀の刃がこぼれると、差してあった新しい刀に取り換えて戦ったという。しかし最後はズタズタに斬られて死んでしまった。そういう悲壮な最期から考えると、この辞世は非常にやさしく素直なものだ。そして心のゆとりを感ずる。その義輝を殺した三好一族の三好長治《みよしながはる》の辞世は次のようなものだ。

○三好長治

三芳野《みよしの》の梢の雪と散る花を　ながき春とや人の云ふらん

正確な解釈とは違うかもしれないが、一つは三好という姓を〝三芳野〟に引っかけていることだ。一種のユーモア精神と言っていいだろう。ユーモア精神というのは、ゆとりがなければ保てない。その意味で長治はそういうゆとりがあった。この歌の中にいう〝長き春〟というのはおそらく名前の「長」に引っかけたものだろう。いってみれば三好長治の辞世は、自分の姓と名を素材にして詠んだもので、そういうゆとりを彼自身がひとりほくそ笑んで、

「どうだ」と言っている風情がありありと窺える。同じ三好一族の康俊も、次のような辞世を詠んだ。

三芳野の花の数にはあらねども　散るにはもれぬ山桜かな

これも三好という姓に引っかけたもので、ただ、

「山桜の仲間としては、かなり劣位にある立場だが、しかし散る時には潔く他の山桜と

一緒に散ってゆく」

　という、武士の潔さを詠ったものだろう。長治の家臣だった。しかし一族として主人の長治が阿波勝瑞城主だった時に、天正五（一五七七）年に、織田信長に攻められて滅びる時に共に討ち死にしている。非業の死といえば、織田信長の方針変更によって一旦与えられた播磨（兵庫県）上月城を守って、主家尼子氏の再興を祈り続けた山中鹿介の辞世も胸を打つ。

○山中鹿介

憂きことのなほこの上に積もれかし　かぎりある身の力ためさん

　死を迎える直前になってもまだ「最後まで戦い抜くぞ」という意気を示したものだ。

山中鹿介（鹿之助）は尼子氏の忠臣で、毛利氏によって滅ぼされた家を再興しようとし信長に頼った。信長は当時は反毛利の立場に立つ者は全部味方にしていたから、この方面の司令官であった羽柴秀吉に、「尼子と山中を保護せよ」と命じた。しかし、途中の情勢変化によって信長の心が変わった。そして「上月城は見捨てよ」と命じた。秀吉は人情家だからこの命令に従うのは甚だ心苦しかったが、信長の命には背けない。ついに上月城は見捨てられた。山中鹿介は毎夜城の中から天の月に向かって、

「われに七難八苦を与えたまえ」

と祈り続けた。彼にとって苦しいことや危難というのは決して避けるべきものでなく、むしろこれを潔く迎えて、それに立ち向うというチャレンジ精神に満ちていた。だから、悲運の潮に乗ってもはやこれまでだと覚悟した人々が、ともすれば、

「自分はここで朽ち果てるが、名だけは後世に残したい」

という最後の願望を歌に託した例が多い。しかし山中鹿介の場合は違った。彼は、

「自分の名などどうでもいい。それよりも、この悲運を何とか跳ね返して、尼子氏再興の初志を貫徹したい」

という最後まで〝やる気〟に満ち満ちている。これもまた、戦国の悲運の潮に乗った一つの武士の生き方だ。所詮、蟷螂の斧的努力なのだが、鹿介は決して諦めない。本当なら、織田信長がもう少し根気強くこの城（上月城）の保全を図り、秀吉に尼子・山中

主従の支持を命ずればよかったのだが、信長は例によって、

「生き急ぎ」

をするので、天下統一のために〝時間との戦い〟に追われていた。信長にすれば、上月城のような小さな城を一つ見放すことは何でもなかったのである。山中鹿介にすれば、はじめから信長を頼ったところにすでに悲運のはじまりがあったと言っていい。彼を滅ぼす潮が大きく速度を増しながら流れはじめていたのだ。上月城開城後、主人の尼子氏は自決する。鹿介は捕えられて毛利本軍に送られることになった。しかし、備中（岡山県）高梁川《たかはし》の畔で謀殺されてしまう。辞世の句はまさか殺される瞬間に作ったものではなかろう。前から準備してあったものだ。最初の、

「憂きことのなほこの上に積もれかし」

というのは、上月城にあって毎夜月に祈った「七難八苦を与えたまえ」という祈りの言葉に通ずるものだ。今の制度でいえば、必ずしも全国区の人物ではないが、小選挙区の上月城で全力を尽くしたので、全国区的な人気があり知る人ぞ知るという歴史上の人物だ。

○北条氏政・氏直

豊臣秀吉が天下人になると全国の大名に、

「土地争いのための私戦を禁ずる。このことを京都に来て天皇に誓え。仲介は自分がする」

と指示した。多くの大名がこれに従って京都にやって来たが、全くその指示を無視する大名が四人いた。薩摩の島津氏、四国の長宗我部氏、小田原の北条氏、そして東北の伊達氏である。秀吉はこれに対し「征伐する」と宣言した。征伐というドラスティックな言葉を使ったのは、秀吉にすれば、

「指示は天皇の命によるものだ。これに背くのだから背いた大名は朝敵である。したがって自分は天皇の代わりに征伐するのだ」

と、巧妙に天皇の名を利用しながら天下平定を策した。最初に四国の長宗我部氏が滅ぼされ、次に薩摩の島津氏が痛い目に遭った。ついで小田原の北条征伐になったが、この時は秀吉に従う軍勢は二十万を超えていた。小田原は海に面している。したがって陸

だけではなく、海上からも攻撃軍がひしひしと小田原城を囲んだ。有名な〝小田原評定〟があって、北条氏はついに秀吉に降伏した。天正十八（一五九〇）年夏のことである。この時秀吉が、
「反抗の張本人」
と指名し、切腹を命じたのが北条氏政と氏輝（氏照）だった。氏政は、当主の氏直の後見役を務め、積極的な秀吉への抗戦を勧めた。氏輝は、武蔵（東京都）八王子城にあって、攻撃軍を散々に苦しめた。その抵抗ぶりは凄まじかった。小田原本城が降伏してもなお氏輝は戦い抜いた。これが秀吉の癇に障ったのである。氏政は、
吹きとふく風な恨みそ花の春　紅葉も残る秋あらばこそ
と詠んだ。吹きとふくというのは、「吹く」のダブル表現だろう。吹く風に散らされる花（おそらく桜だろう）の春を感じて恨むことはない。秋の錦の紅葉があるではないか、ということだろう。これもまた、
「自分の名は今桜と共に散ってゆくけれども、秋の紅葉の季節には必ず蘇る」
という感懐ではなかろうか。氏輝の辞世は不肖にして調べが行き届かないが、当主で

あった氏直の辞世が残っている。

結びしに解くる姿は変れども　氷《こおり》のほかの水はあらめや

というものである。氷が解ける時は水になって姿が変わるけれど、氷も元は水なので、同じ物が違う形をしていただけなのだ。小田原城落城後、高野山へ追放されるなどした身上を詠ったのだろう。

○細川ガラシャ

戦国時代の締めくくりとして、細川忠興の妻ガラシャの辞世を掲げておこう。

ガラシャの本名は玉《たま》といい、明智光秀の娘だった。織田信長が天下人になる時期を積極的に支援したのが、明智光秀と細川藤孝（幽斉）である。足利第十三代将軍義輝は、家臣の松永久秀や三好一族に殺された。義輝の弟義昭は、そのころ奈良の一乗院にいたが松永に命を狙われた。間一髪で臣下の細川藤孝に助けられた。以後、二人は放浪の旅に出る。やがて、越前の朝倉義景を頼ったが、義景は義昭をもう一度将軍に押し立てようなどという気はなかった。もともと風流大名なので、やって来た京都の文化人細川藤孝に特別な関心を持ち、その主人共々寄食させた。たまたま朝倉家に明智光秀が寄食していた。藤孝から義昭の望みを聞くと、

「では自分が織田信長殿に紹介し、義昭様の悲願をかなえさせてあげよう」と申し出た。明智光秀の申し出に信長は乗った。こうして義昭は室町幕府最後の将軍になる。

信長は、藤孝と光秀の功労を評価し、「それぞれの息子と娘を夫婦にするがよい。わしが仲立ちをする」と言い出した。こうして細川藤孝の子忠興と明智光秀の娘玉が結婚した。

しかし、その明智光秀はやがて謀反を起こし織田信長を殺す。この時光秀は藤孝に働きかけて「日本国を半分に分け、一半を忠興殿に差し上げる」と言ったが、藤孝は怒って、「冗談じゃない」と言い、髪を剃って信長への哀悼の意を表した。幽斉という号はこの時からである。

玉は光秀の娘なので、立場上そのままに置けないということで玉は離縁され丹後の山奥に幽閉された。悲しんだ玉はその時侍女に導かれて、キリシタンになった。ガラシャ

というのはその時の洗礼名である。恩寵という意味だ。秀吉が天下を取ると、この夫婦は再び元の鞘《さや》に納まったが、玉の愛情は昔どおりにはいかなかった。やがて、関ヶ原の合戦が起こると石田三成が大坂にいた家康方の大名の家族を人質として、大坂城に幽閉しようとした。玉も狙われた。この時玉は、「大坂城へは入らぬ」と言って、家老に長刀で自分を斬らせ自決した。家老もすぐ腹を切り、細川邸に火を放って遺体を燃焼させた。これがさらに細川忠興の怒りを掻き立て石田三成に対する憎しみを燃え立たせることになる。そのガラシャ玉の辞世は次のようなものだ。

散りぬべき時知りてこそ世の中の　花も花なれ人も人なれ

最後の「花も花なれ人も人なれ」の句が悲愴感を帯びている。玉の口惜しさが溢れるばかりだ。

第4章　江戸文化の辞世

○貝原益軒

江戸時代は約二百六十年続く。おそらくこんなに平和な時代が一つの国で続いた例は、世界でも珍しい。徳川家康が創始した幕府の統制力がそれほど日本の津々浦々まで行き届いていたということだ。もちろん、身分制その他の「人の下に人をつくる」という制度が、その抑制威力になっていたことは言うまでもない。しかし、外国と戦争をせずに、また国内のことだけに沈湎できた時代には、勢い文化も発達する。人間もある意味では「自分のこと」だけ考えて、いわば自己充実に生命を燃焼させることができた。まず、江戸時代の最後の言葉として、学者の貝原益軒《かいばらえきけん》の辞世を紹介しよう。

越し方は一夜ばかりの心地して　八十路あまりの夢を見しかな

戦国時代の武将たちとは違った辞世だ。完全に「目の前の生活」に没入できた人物の感懐である。益軒は八十代まで生き抜いて、自分の経験を多くの本にしている。有名な『養生訓』などあるが、特に、「老後の生き方」に重点を置き、自分の経験をふんだんに散らしながら年寄りの人生訓を書いている。

福岡藩黒田家に仕えた江戸初期の人物だったが、見てみると黒田家とは多少距離を置いていたようだ。給与を受けながら、一線を画して「主家に左右されない自由な学説」を、多方面にわたって唱えていた。本草学（植物学）にも詳しかったので、体の養生には肉体の養生と精神の養生とがあることを説き、特に〝心の養生〟を重んじた。江戸時代はその意味では「個人の充実」が可能だった時世だ。

○小林一茶

小林一茶《こばやしいっさ》という俳人がいる。〝雀の子そこのけそこのけ御馬が通る〟とか〝我と来て遊べや親のない雀〟などの貧しい子供の哀感を何如なく発揮した句が多い。今でも、共感者は沢山いる。〝目出度さも中位也おらが春〟とか〝ともかくもあなた任せのとしの暮〟などという、いわば投げやりとも思える句を次々と詠んでいる。その一茶の辞世は、

ああままよ生きても亀の百分の一

というものである。このころの年齢の考え方に〝鶴は千年　亀は万年〟というのが

あった。だから亀の長寿に比べれば、人間の長寿などたかが知れている、という一茶なりの感懐である。

○良寛

同じように、「自分の充実」に努め、その自分の充実が他人の役に立てばよいと考えた僧がいる。越後の良寛だ。そういうヒューマンな立場に立つ良寛は特に子供に愛された。越後の山頂の古びた寺に住んで、生涯を終えた。そのヒューマニズムは非の打ちどころがなく、常に温かいものを後の世にも残している。臨終の言葉は、

うらを見せおもてを見せて散るもみじ

というものだ。あの目を奪う錦秋の紅葉も、単に見場のいい表側だけを見せるのではない。

「自分は、裏の醜い面も正直に見せていくよ」

という、良寛的人生観の締めくくりである。

○由井正雪

鎖国という国自体が閉ざされた社会だから、ぎゅうぎゅう詰めになると変わった人物も出てくる。謀反人だ。江戸初期に由井正雪《ゆいしょうせつ》という人物が有名だ。しかし彼の謀反は不発に終わった。その辞世。

秋はただ慣れし世にさへもの憂きに　いづこ泊りの門出なるらむ

計画が発覚して彼は七月末に自決した。

当時の暦でいえば七月は秋なのでこんな和歌になったのだろう。彼が幕府に反乱を起こしたのは当時国内問題であった〝浪人の再就職〟に関わりを持っている。彼が江戸で開いていた塾では、この問題に関心を持つ大名や幕臣や浪人たちが次々と押しかけて教えを乞うた。いってみれば由井正雪は当時の「失業者対策」の専門家だったのである。ただの野心家ではない。

いづこ泊りの出発なのかという死への旅路に赴く時に当たっての感懐は、やはり（おれ自身が失業者なのだ。一体、どこへ行けばいいのか）という悲しみに満ちている。

多くの人が集まったというのは、それだけ彼に人望があったということにもなる。それはおそらく彼自身が私心なくこの浪人の再就職問題に取り組んでいたためだろう。

○為永春水

為永春水《ためながしゅんすい》は、『春色梅児誉美《しゅんしょくうめごよみ》』など洒落本を書いて有名だった。しかし本人自身は貸本屋を営んでいた。ただ調子に乗って洒落本の度が過ぎたため幕府に睨まれ、一時期手鎖をはめられたことがある。手鎖というのは、手錠のことでこんな物をはめられたら執筆はできない。春水は、この刑罰で非常に落ち込み、その後の生活は必ずしも楽しいものではなかったという。その辞世。

皆さんへ扨《さて》いろいろとお世話さま　お先へまいる灰《はい》さやうなら

洒落本作家らしく、ふざけた辞世だ。最後に自分が焼かれて灰になるのに引っかけて〝灰（はい）〟と呼びかけているところなど余裕がある。

○式亭三馬

式亭三馬《しきていさんば》という滑稽本の作者がいる。辞世は、

善もせず悪も作らず死ぬる身は　地蔵もほめず閻魔叱らず

というものだ。本当に本人が自覚しているように善悪共に何もしなかったのかはわからない。この当時の戯作者は大抵善よりも悪の方に身を染める者が多かったから、あるいは三馬もその辺の意識があって、逆に尻をまくって「自分は善悪に関係ない」と宣言して、閻魔の手から逃れたかったのかもしれない。

○十返舎一九

十返舎一九《じっぺんしゃいっく》という黄表紙作家は『東海道中膝栗毛』（弥次さんと喜多さんの道中記）を書いて有名だ。後年の漫才のボケと突っ込みのやり取りのルーツだろう。辞世は、

此世をばどりゃおいとまにせん香の　烟《けむ》りとともに灰左様なら

というものである。線香と灰左様ならで洒落を言っている。灰左様ならは前述の為永春水にも使われている。

○鼠小僧次郎吉

江戸時代には盗賊でも〝義賊〟と呼ばれるユニークなのがいた。盗む場所は必ず金持ちの家であり、そして盗んだ金を貧乏人にばら撒くので〝義賊〟と呼ばれたのだ。しかし、取り締まる側の幕府の役人が〝義賊〟などと誉めるはずがないから、これは盗んだ金をめぐまれた庶民側からつけられた敬称だろう。鼠小僧次郎吉は、結局役人に捕まって磔になった。三十六歳だったという。その辞世。

天《あま》が下古き例はしら浪の　身にぞ鼠と現れにけり

知らないということを〝しら浪〟と洒落、また鼠というのは〝寝ず身〟のことだろうか。

○五代目市川團十郎

江戸時代に発達した芸道に芝居がある。名優といわれる役者が次々と出た。五代目市川團十郎もその一人である。この人は演技だけでなく文才もあって、俳句の道でも有名だった。辞世は和歌だ。

暗きより暗き道にもあかん堂　はるかに照らす念仏の声

〝あかん堂〟がみそだ。これは〝開かない〟という意味なのか大阪弁で〝あかん（だめだ）〟という意味なのか、あるいは両方なのかもしれない。

○三代目尾上菊五郎

三代目の尾上菊五郎は名優だった。六十六歳で死んだが、辞世は、

明け暮れに思はぬ罪を造り木や　松（待つ）は御法《みのり》のお迎ひの舟

というものである。劇作家鶴屋南北と手を組んで世話物や怪談劇を多く世に送った。

松というのは、鶴に引っかけたのかもしれない。御法というのはお経のことである。

○上田秋成

江戸時代は文芸も発達した。上田秋成《うえだあきなり》は『雨月物語』という詩情溢れる作品を書いて読者を魅了した。生まれはよくわからない。大坂のお堂の前に捨てられていたのを上田という裕福な商人が拾って育てた。妻も人情深くこの捨て子を自分の子のように可愛がった。しかし商才はなく、せっかく引き継いだ店も破産同様にしてしまった。彼は「商人は自分には向かない。せめて、病んだ人を助けるために医者になろう」と言って医道を学び医者になった。ところがある時誤診で人を死なせてしまった。落ち込んだ彼は「医者もだめだ。文を書こう」ということで、作家に転身したのである。その妻は同じ上田の店に勤めていた使用人だったが、母親のように秋成の面倒を見た。

秋成は奇人だ。当時『近世奇人伝』という本が出版されたが、秋成は「当然、自分も入るだろう」と期待したが、なかなか載せてくれない。そこで作者のところに行って、

「なぜわたしを本に載せてくれないのだ？」と聞いた。作者は、「この本に載せるのは故人ばかりだ。あんたはまだ生きている。だから載せない」と答えた。秋成はそれ以上何も言えなかった。

やがて秋成夫婦は京都の南禅寺の傍に住んだ。この時妻がはじめて「一緒には暮らすが、それぞれ独立したい」と言い出した。何のことだかわからないので聞くと妻は「わたしも物を書く。そのためにあなたの面倒は今後見ない」と宣言した。小さな家なので独立するといってもそれぞれスペースはとれない。部屋は一つしかない。妻は秋成の蔵書を間に積んで境界線にした。そして実際に物を書きはじめた。友達をどんどん呼んだ。時には酒を飲んだ。歌を歌うこともある。うるさくて仕方がない。しかし秋成は今まで散々面倒を見てもらったので文句も言えなかった。

ある時妻が「文名〈ペンネーム〉を付けてほしい」と言った。秋成は喜んで、「瑚《こ》璉《れ》」という名を与えた。妻が意味を聞くと「孔子様に供える物を容れる貴い器のことだ」と言った。妻は納得した。しかし間もなくそれは独立した妻を「これ、こふるれ」と呼びたいがためにつけたペンネームだとわかった。

やがて妻は死ぬ。秋成は深く悲しんで妻の骨を袋に入れ、いつも首から掛けて持ち歩いた。「これなら、いつも一緒にいられるから」という気持ちである。その秋成の辞世。

長き夢見果てぬほどにわが魂《たま》の　古井におちて心さむしも

井戸に自分の魂が落ちるなどという感覚は、やはり『雨月物語』の作者らしい。

○堀越左源次

江戸時代に発達した文芸に「狂歌」がある。専門家を狂歌師と言った。その一人である堀越左源次《ほりこしさげんじ》の最後の言葉。

さらばよと子々孫々の置土産　長生筋と家と借金

「子々孫々の」は「子々孫々へ」の意味だろう。つまり「長生筋と家と借金を遺産として残してやるよ」という意味だ。彼自身は加賀の前田家の藩士だったが、狂歌の道で有名だった。江戸時代の幕府か大名家に仕える武士には、公然と内職が認められた。また文芸面で文名をあげることも黙認されていた。

○元杢網

同じ狂歌師にしゃれた文名で元杢網《もとのもくあみ》という人物がいる。ふざけたペンネームだが、その最後の言葉。

あな涼し浮世のあかをぬぎすてて　西へ行く身はもとのもくあみ

この人もやはり〝西へ行く〟ということで、西方浄土を信じていた。ただ、行く時あるいは行った先では「もとのもくあみ（何も持たない身）」になるという認識を持っている。

○庭訓舎綾人

さらに狂歌師の庭訓舎綾人《ていきんしゃあやんど》という人物は次のような辞世を詠んだ。

とり落すうつはの怪我も即菩提　われからいづる南無阿弥陀仏

落とした器で怪我をしても、それは一つの救いであり、死ぬ時は自分から南無阿弥陀仏という仏様が出てくる、という認識だろうか。

かなり古い時代からよく庶民が自分のことを〝阿弥〟といった。これは阿弥陀様の意味だ。ということは、虐げられた民衆にすれば仏以外に頼るものはない。やがてはそれが庶民同士で〝お互いにわれわれ自身が阿弥陀様なのだ〟という認識を持つようになった。

それは「人間には必ず仏様と鬼の両方が住んでいる。だから心の中で仏様に鬼を退治してもらって、他人には仏様だけで付き合うようにしよう」という切ない願望と希望とを示し合って、生きていたのである。この人にもそういう徹底した仏性を望む気持ちが横溢している。

○手柄岡持

さらに手柄岡持《てがらのおかもち》という狂歌師は、次のような辞世を詠んでいる。

死にたうて死ぬにはあらねど御年には　御不足なしと人の云ふらん

年に不足はないと言われるだろうというのは、彼自身が七十九歳という高齢で死んだからである。

○歌川豊春

浮世絵師もまた江戸時代に発達した芸術家だ。歌川豊春《うたがわとよはる》もその一人である。その最後の言葉。

死んで行く地獄の沙汰はともかくも　跡の始末は金次第かな

この人も長命で八十歳で死んだ。死んだあとに極楽へ行くか地獄へ行くかということではなく、おそらく葬式のことを言っているのだろうか。それとも、地獄の王者である閻魔様も強欲で、持ってきた奉納金の額によっては、地獄の中でも比較的楽な刑罰の場へ赴かせるか、あるいはとんでもなく苦しい場所に連れて行くか、金次第だという意味だろうか。どうも後者のような気がする。

○安藤広重

安藤広重《あんどうひろしげ》という浮世絵師がいた。例の「東海道五十三次」は有名な作品である。というよりも、この作品以外彼には画集がそれほどない。そしてこの「東海道五十三次」も、他人の作品をパクったのではないかと疑われている。面白い画家だ。辞世は、

東路《あずまじ》に筆を残して旅の空　西のみくにの名所を見む

というものである。広重にもやはり〝西方浄土〟の信仰があったようだ。信仰というよりも、常識化されていて、誰もが、

「死んだあとは、西方にある極楽に行ける」

と信じていた。その西方に引っかけて東路と言ったのだろうが、彼が活躍した場が主として江戸だったためである。辞世のもう一つは、

世の中の厄をのがれて元のまま　かへすは天《あめ》と地《つち》の人形

死んだ時八十二歳だった。

○山東京伝

戯作者の中には、自分で作品の挿絵を描く人もいた。山東京伝《さんとうきょうでん》はその一人である。作家であると同時に浮世絵師としても有名だった。『江戸生艶気樺焼《えどうまれうわきのかばやき》』などという作品がある。その最後の言葉。

耳をそこね足もくじけてもろともに　世にふる机なれも老いたり

散々仕事で使ってきた机も古びて年を取ったな、という感懐だ。こういう感覚はよくわかる。机もすでに自分の体の一部のような気になることはよくある。深夜一人で物を書いている時に、その机に向かって語り掛けるようなこともある。その意味では、山東京伝の最後の言葉は、自分のことよりもむしろずっと共に仕事をしてきた机に対す愛情が溢れていて、胸が温まる。

○一本亭芙蓉花

一本亭芙蓉花《いっぽんていふようか》という狂歌師がいる。最後の言葉。

いつまでもきのふは人の身の上と　我身の上は思はざりけり

これも第2章で紹介した在原業平の最後の言葉を手本にしたものだろう。みんな「人間は必ず死ぬ」とわかっていながらすぐには「自分の身に起こること」とは思わない。だから、それが訪れた時にはやはり慌てたり狼狽したりする。この歌もその実感を正直に告げている。

○白鯉館卯雲

徳川幕府の直参で狂歌を作る人物がいた。白鯉館卯雲《はくりかんぼううん》という人物である。

食へば減る睡れば覚むる世の中に　ちと珍しく死ぬる慰み

最後の〝死ぬる慰み〟と洒落ている。つまり食ってもやがて腹は減る。睡っても必ず目が覚めるというあたりまえの世の中で、死ぬというのはやはり珍しい行いなのだ。それをちょっとためしてみようじゃないか、と洒落ている。しかし、死ぬる慰みなどというのは一種の負け惜しみであり、また迫った死に対する恐怖の気持ちだ。いくら負け惜しみで突っ張ってみても、やはり死は避けられない。そういう恐ろしさがこの最後の言葉の裏にははっきりと窺える。

わたし自身は、死んだあとは何もないと考えている。いや正確には、「何もあってほしくない」と願っている。それは太宰治流にいえば「生まれてすみません」だけでなく、「恥の多い生涯を送ってきました」という思い出が沢山あるからである。わたしもカミやホトケではない。生きている間には随分と人を傷つけただろうし、またこちらも傷ついた。いい思い出だけではない。忘れてしまいたいことが沢山ある。それが死後にも一つの世界があって、生前嫌な思いをした人に再び巡り逢うなどというのは真っ平だ。あの世に行って巡り逢い「あの節はどうも失礼しました」とか反対に「生きている間はすまなかったね」などと謝られたりするようなやり取りは真っ平御免だ。その意味でわたし自身は、ひとつの願いを込めて「死後には何もない」ということを信じたい。

しかし、死んだあとも生きている世の中のことを気にする人もいないではない。伊勢貞丈《いせさだたけ》はその一人だ。

○伊勢貞丈

徳川家の家臣だった。学者として生を貫いた。その最後の言葉。

高からぬ身には恥づかし人並みに　我なき跡の長き名のりは

死後の長き名のりというのは、おそらく戒名だろう。やはり徳川武士なので、院号がついたり下には大居士などという称号がつけられることをあらかじめ期待している。あるいは家のしきたりでそういうことになっているのかもしれない。しかしこの人は、

「生前は伊勢貞丈だったが、死んだあとは長い戒名で呼ばれるようになるのが気恥ずかしい」

と気にしているのである。現代の言葉を使えば「自意識過剰」と言わざるを得ない。

しかし江戸時代にはすでにこういう意識面における精神の発達もかなりなもので、今と

全く変わらないような感じ方や考え方がそれぞれ短文芸（俳句や和歌）に表れていたのである。

○恋川春町

黄表紙（戯作）の作者で狂歌も作った恋川春町《こしかわはるまち》の最後の言葉。

我もまた身はなきものと思ひしが　いまはのきはは淋しかりけり

正直に死と向かい合っている。もちろん自分もいずれは死ぬものだ、という認識はあったが、いざ面と向かうとやはり淋しいものだ、という感懐だ。死を〝淋しい〟と受け止める素直さは、やはり作家だからだろうか。怖いとか恐ろしいとかではなく、この淋しいという受け止め方がちょっと新鮮だ。

わたしの願いとは別にやはり「死んだあとに生きる世界」があり、そうあってほしいと願う人もいる。天野広丸もその一人だ。

○天野広丸

心あらば手向けてくれよ酒と水　銭のある人銭のなき人

死後に住む世界に、酒と水を届けてくれという願望を告げている。それも、金のある人も金のない人もそうしてくれというのだから虫が良すぎる。がこれはおそらく、本人が狂歌師だったので、臨終の言葉でも読む人を笑わせてやろうという魂胆があったのに違いない。ところが、その内容がこういうおねだりだから、素直には笑えない。やはり本人の心根を考えると悲しくなる。

○大田南畝

狂歌といえば、やはり大御所は大田南畝《おおたなんぽ》だろう。彼は別に蜀山人《しょくさんじん》という号も持っていたが、一説によれば必ずしもこれは多用したわけではなく、書を書くときに使った号だともいう。貧しい幕臣だった。その最後の言葉。

生きすぎて七十五年食ひつぶし　かぎりしられぬ天地《あめつち》の恩

まさに七十五歳で死んだから、辞世と言っていいだろう。しかし生前の彼は、今から考えるとかなりどうかなと思うことをしている。それは、丁度江戸時代の第二回目の経済の高度成長をもたらした〝田沼時代〟に生きていたから、その余滴にあずかって、たとえば勘定所（今の財務省）の役人が賄賂で吉原辺りをのし歩くとき、大田はその仲間として一緒に歩いた。やがて、田沼政治が清廉潔白な白川藩主松平定信が老中になって追放されると、大田たちの堕落した武士生活も改めざるを得なかった。松平定信は、堕落した役人を叩き直すために「学問吟味」という、国家公務員の再試験を行った。大田も受験した。ところが一回目は落ちた。翌年行われた二回目の試験では首席で合格した。以後の大田は一切筆を折って、狂歌とか戯作を書くのをやめたという。

それは、松平定信が「学問吟味」を実行したときに、朝から晩まで江戸城の役人たちは「文と武を勉強せよ」と尻を叩かれたので、こんな狂歌が詠まれた。

世の中に蚊《か》ほどうるさきものはなし　文武《ぶんぶ》文武と夜も寝られず

というものである。定信の厳しい粛清政策にうんざりしていた役人たちは、みんな手

を叩いて共感した。そして、

「こんなうまい歌を作るのは一体誰だ」と作り手の詮索がはじまった。すぐ、

「それは大田直次郎だろう」

という答えがあり、そうだそうだという声が起こった。直次郎というのは大田の本名である。大田は困惑した。しきりに「違う、おれではない」と弁明したが、周りは信用しない。「遠慮するな。おまえ以外こんなうまい歌を作れるやつはいないよ」と、逆に大田の否定が肯定の意味にとられてしまったのである。だから、田沼時代に散々遊びほうけていた大田が、松平定信時代に代わって定信が、「寛政の改革」を実行しはじめると、やはり心を改めざるを得なかったのである。

以後の大田は真面目な役人として終始する。試験合格後配属されたのが紅葉山文庫という幕府の公文書館である。現在国立公文書館が竹橋（東京都千代田区）近辺にあるがそこの館員に聞いても、

「ここに保存されている文書の整理で、大田南畝が整理したものほど素晴らしいものはない」

と言われている。経済が高度成長していた田沼時代と、定信の寛政の改革時代とでは社会背景が全く違うが、しかしだからといって、わたし自身は大田南畝の生き方そのものを、そのまま是認するのにためらいがある。今とは全く違うとはいうもののやはり国民の年貢によって養われる身の公務員であれば、

「それなりの倫理道徳」があったのではないかと思われる。もちろん、大田のような役人が沢山いたからこそ定信が「江戸城役人の叩き直し」のために、

「学問吟味」を行ったのだが、たとえそうだとしても、大田南畝の生き方にはかなり疑問を持たざるを得ない。つまり、「それでいいのだろうか」ということだ。それでいいのか、というのは、

「いい時代には散々道楽を尽くし、時代が代わればくるりと変身する」

という〝風にそよぐ葦〟的な生き方が許されるだろうかという倫理観である。これは、昔も今も変わらない。それと、大田の生き方とは全く対照的な生き方を選んだやはり幕府の直参で、文名を高めていた人物がいる。その人物は柳亭種彦《りゅうていたねひこ》という人だ。

○柳亭種彦

『偐紫田舎源氏《にせむらさきいなかげんじ》』という本を書いた。ベストセラーになった。その理由は、「この作品は、十一代将軍徳川家斉の大奥生活をモデルにしている」と言われていたからだ。覗き趣味もあって、本は爆発的に売れた。問題になった。

このころの江戸町奉行（北町）は、遠山金四郎である。〝遠山の金さん〟だ。彼は柳亭種彦と仲が良かった。種彦の本名は高屋彦四郎といった。そこで遠山は種彦に「高屋よ、お前の家から柳亭種彦を追い出せ」と言った。いきな計らいで暗に「筆を折れ」ということである。

種彦は遠山の友情を感じたが「一晩考えさせてくれ」と応じた。翌朝、遠山は「柳亭種彦が自殺した」という報を受けた。遠山の金さんは暗澹《あんたん》とした。しかし柳亭種彦は「高屋に戻って文名を捨てるくらいなら、潔く筆に殉じよう」と思って、立派に切腹して果てたのである。

この生き方にわたしは共感を覚える。つまり種彦にとって「遠山の好意に甘えれば、旗本として生き抜くことはできるだろう。しかし、一旦自分が打ち立てた文名はそれで穢れてしまう」と考えたのである。いわば「ペンに殉じるために、剣を以てした」ということだ。切腹したというのは、立派に武士の本懐を貫いたということで少しも彼の名を辱めるものではなかった。

こういう例があったので、わたし自身としては大田南畝の生き方にどうも今一という気持ちを持ってしまうのだ。もちろん現在でも大田南畝（蜀山人）の仕事を高く評価し、ファンも沢山いる。そういう人たちに言わせれば、「本業と別業とは別だ」ということになるかもしれない。しかしかつて地方公務員の経験があるわたしにしては、やはり割り切れないものが残るのである。

○朱楽菅江

このころの狂歌師に朱楽菅江《あけらかんこう》という人物がいる。六十一歳で死んだが、その最後の言葉。

執着の心や娑婆に残るらん　吉野の桜更科の月

誰もが思い浮かべる一瞬の光景である。朱楽菅江というのは、〝あっけらかん〟という言葉を自分のペンネームにした洒落男だ。最後に思い起こした光景が〝吉野山の桜〟と信州（長野県）更科の月だということは、やはり今から考えても相当な風流人だという気がする。彼は〝あっけらかん〟に世の中を見ていたわけではない。特に、風流心を発揮して自然の光景をいろいろと心の胸の中に刻んだ。死ぬ直前に思い浮かべたのが、吉野山の桜と信州の更科の月であったということは、かなり、

「高水準の風流人」

と言っていいだろう。

○横川良助

洒落っ気のあるのは何も徳川幕府が拠点を置く江戸の町だけではない。地方にもそういう人が沢山いた。たとえば横川良助《よこかわりょうすけ》は、南部藩（岩手県）の武士だったが、勤めとし

ては南部藩の政治史を綴っていたが、やはり風雅の道を解する人物であった。その最後の言葉。

時いたり八十路にあまるゆめはてて　元の住家に帰るうれしさ

素直な臨終の言葉である。特に〝元の住家に帰るうれしさ〟というのは、死出の旅路の果てに辿りつくのが〝元の家〟であり、「たとえ死んでも、おれは迷わない。もともと、自分の生まれたところに帰るのだから」

という認識は、死に対する恐怖や恐れなどを乗り越え、死出の旅路の果てに到達するところが〝元の住家〟であるという確たる自信があることが頼もしい。それに多くの辞世が横川のように、〝元の住家に帰る〟という考えがあっても、その多くが〝西方浄土〟であるのが通例だ。つまり浄土信仰がかなりの人々に染み渡っている。それを横川の場合は、生まれたところというのは母の胎内ということだろうか。ちょっと、珍しい感覚だと思う。

○大原幽学

人のために尽くしたが、結局は幕府の容れるところとならず自ら腹を切って信念に殉じた学者がいる。大原幽学《おおはらゆうがく》だ。幽学の前身はいろいろ取り沙汰されているが、彼は、「日本で最初の協同組合をつくった人物」

だといわれている。数年前に「国際協同組合年」というのがあったが、政府も一般のマスコミもあまり取り上げなかった。そして国連がこの「協同組合年」を設けた時の資料によれば、世界最初の協同組合は、ロンドンの技術者組合と、ドイツのパン屋さんの組合だという。しかしこの二つは、天保後年に編成された組織であって、実はその前に日本の協同組合が発足している。それがここに書く大原幽学の「先祖株組合」と、二宮金次郎の「報徳仕法」だとされる。江戸時代の日本人には、「人間の生き方」として儒教がかなり重視されていた。したがって幽学の組合も金次郎の仕法もその底には「倫理道徳」が色濃く基盤として置かれている。

幽学の「先祖株組合」というのは、現在の千葉県の九十九里浜方面で展開された農村復興策である。このころは天保年間で、日本人の気持ちが大きく乱れていた。特に農村の荒廃がひどかった。九十九里地域は漁業の盛んなところだ。勢い漁師たちの集まる町が賑わった。花街ができまた博打も流行る。そうなるとヤクザが発生する。そのヤクザを取り締まる親分が出る。九十九里方面では飯岡という地域にそれが集中した。そのため、近隣の農村の若者たちは毎日鍬を振るって土を耕すよりも、花街へ出て博打で思わぬ金を儲けることの方が面白くなった。そのため、農地が放置されて次第に農村が荒れはじめた。これを悲しんだ長部《ながべ》村の責任者遠藤という人物が、何とかして荒れた農村を復興したいと考えた。それにはやはり指導者がいる。その指導者も単に荒れた土地を復興するだけでなく、心まで荒れてしまった農民特に若者たちを導いてくれるような人物が必要だ、と考えた。あちこち歩きまわって指導の適任者を求めた。たまたま近くの村で講義をしていた大原幽学の教えに感動した。幽学は、

「農村の復興を行うのにも、まず荒れた心から復興しなければだめだ」

と説いていた。（この人だ！）と思った遠藤はすぐ幽学のところに行って、自分の希

望を話した。幽学は承知した。が、幽学は、

「あなたのおっしゃるとおり、農村の復興は農民の心の復興からはじめなければだめでしょう。そのためにはわたしが復興を行う前に、農民自身にこういうことを守らせてほしい」

と言って、「あるべき農民心得」のようなものを示した。別に特別なものではない。親孝行をはじめ、人間として守るべき倫理道徳を並べたものである。幽学は、

「これが浸透してみんなが守るようにならなければ、わたしは指導に赴かない」

と宣言した。

遠藤は夢中になってこのことを農民たちに伝え、心得を守らせた。次第に悪所に通っていた若者たちも村に戻って来た。それを見た遠藤は幽学に連絡した。幽学は村にやって来た。そして、

「心を入れ替えて村の復興に励む皆さんは御苦労だ。御苦労ついでに、もう一つ頼みがある」と言った。そして「先祖株組合」というのを組織したのである。この組合は、
・　所有地の一部を共同用地として提供する

・提供された用地は村全体の所有地として、共同で農耕作業を行う
・その土地でできた農産物は売りに出すが、その益金は組合の共同管理とする
・組合員の中で、天災・人災に遭って損害を受けた者がいたら、組合は共同管理している益金の中からその救済費を支出する

というようなものである。つまり、

「農民個人が自分の利益を図るだけでなく、共同の利益追求のために、とりあえず所有地の一部を提供してこれを共同で耕し、得た生産物の売却金をこれもまた共同管理する」

というものである。そのために幽学は地均《じなら》しとして「人間としての心得」を普及させ、その意識改革の達成後にこの組合案を提言したのである。しかし、若者よりもむしろ高齢の農民たちが反対した。それは、

「御先祖以来伝えられてきた土地を、自分の代になってたとえ一部といえども減らすのはとても忍びない」

という論理であった。これは共通していた。ところが幽学はこう言った。

「皆さんの考えは反対だ。御先祖様も、自分の持っている土地が困っている人の役に立てば満足なのだが、と思っておられた。しかし皆さんと同じように自分の代で伝えられた土地を減らすのは忍びないということで今まではそれが実行されなかった。今、皆さんが勇気を持って実行してくれれば、墓の下にいる御先祖様は逆に喜ぶ。自分ができなかったことを子孫が勇気を持って実行してくれた。子孫は偉いと誉めてくださるはずだ」

考えようによっては一種の詭弁で（ほんとうかな?）と疑う者もいた。しかし多くの老人が賛成した。幽学の説明に、

「なるほど、そういう考えもあるのかな」と思ったからである。こうして「先祖株組合」は発足した。それなりに効果も上げた。ところが、幕府の役人が目を付けた。日本の土地は原則として幕府の所有になる。勝手な売買は認められない。このころはすでに農地の売買も実際には行われていたが、公的には、

「幕府所有の国有地を、勝手に処分している」

ということになる。指導者の幽学が江戸の役所に呼び出された。農民たちの運動も

あって、幽学は「今営んでいる塾を閉じること」という程度の罰で済んだ。しかし幽学は苦しんだ。

「自分の発想が、農民や村を苦しめた。特に指導者の遠藤さんを苦しめた」

という反省である。一晩悩んだ幽学は、その夜遠藤家の墓の前で自刃した。この時詠んだ辞世が次の歌である。

花散らば散れうてなはつきて落ちし実の　おほれ栄ゆる時こそあるらん

ちょっと字余りだが、意味は丁度キリスト教の聖書にある〝一粒の麦〟の思想に似ている。聖書では「麦は一粒では、たとえ死んでも芽は一つしか出ない。しかし、麦の実が沢山死ねば、それだけ沢山の麦が新しく生まれる」という思想だ。幽学も、

「切羽詰って自分は命を断つが、自分だけの死では一粒の実でしかない。しかし自分の考えを引き継いで、沢山の人々が志を遂げてくれれば、この村はいよいよ栄えるだろう」との意味合いを込めている。昔はこういう人がいた。つまり、

「自分の身を亡ぼして、他人のために生き返る」

という考えの持ち主だ。こういう人を「義人」という。大原幽学は浪人学者ではあっ

たが、立派な「義人」の一人であった。もう一人の日本の協同組合の創始者二宮金次郎については、第1章に書いた。

○渡辺崋山

大原幽学のように、やはり「他のために命を断つ」ということを実行した学者武士がいる。渡辺崋山《わたなべかざん》だ。崋山は、江戸後期の武士で三河国（愛知県）の田原藩三宅家という小さな大名の家老を務めていた。崋山といえば絵画の方で有名だ。しかし彼が絵を描きはじめた動機は、

「貧しくて家計が苦しいので、内職のために絵を描く」

とその動機をはっきり副収入を得るため、と言い切っている。しかし崋山の絵は当時かなりもて囃された。家老なので藩主から藩政改革を一任された。この時崋山は特別な考えを持った。それは、

「田原藩のような小さな藩は、他にも国内に沢山ある。みんなで集まって知恵を出し

合ったらどうだろうか」

というこどだ。それも崋山は特に、

「オランダをはじめ、ヨーロッパの国々の進んだ農業の知識や技術を導入したらどうだろうか」と考えた。賛同する武士が沢山いた。学者もいた。彼らは会をつくって集まってはいろいろ討議した。ところが幕府が目を付けた。それは、

「やつらはオランダの学問を中心に、反幕思想を育てているのではないか。不届きな結社だ」

と見たのである。特に江戸の南町奉行鳥居燿蔵《とりいようぞう》が目を付けた。鳥居の実家は幕府の大学頭林家なので、朱子学一辺倒の教育を受けている。外国の学問を〝蛮学〟として卑しんでいた。それを堂々と集まっては議論しているというのでいろいろな疑惑を持った。鳥居はこのグループを〝蛮社（蛮学を学ぶグループ）〟と決めつけ罪人扱いをする。リーダー格であった渡辺崋山も狙われた。崋山はついに、

「藩地において閉門を申しつける」と命ぜられた。崋山にすれば意外な処分である。彼は、

「大きな藩（大名家）であれば、それなりに資金も調達できて産業振興にしても、先行投資や設備投資ができる。しかし小さな藩にあってはなかなか難しい。だからみんなで集まって知恵を出し、場合によっては協同組合をつくって産業振興を図ろうとしていたのに、こういう誤解は全く納得できない」

と悲しんだ。しかし彼は、

「仮にも家老職にあった者が、幕府から罪を得るようでは主人（藩主）や同僚部下に対しても申し訳が立たない」

と考えて、ある夜自刃してしまった。この時の辞世。

梓弓《あずさゆみ》矢竹ごころの武夫《もののふ》も　親にひかれて迷ふ死出かな

ちょっと幕末の思想家吉田松陰の辞世に似ている。今でいえば〝グローカリズム（グローバルとローカルを共に課題とする考え方）〟の先を歩いていたと言っていい崋山だがやはり親のことを始終心配していた。彼の場合は特に母親に対する思慕の念が強かったようだ。親孝行なのである。現在、田原市はこの崋山を偲ぶために、記念館を造っていろいろな遺品を展示している。記念行事もよく行われる。記念館があるのは、田原城の跡である。殿様を顕彰せずに、家臣であった崋山を顕彰しているのは、それなりの田原市の見識だ。

○河合寸翁

同じ大名家の家老でありながら後世神社に祭られて現在も崇められている人物がいる。姫路藩（兵庫県）の河合寸翁《かわいすんおう》だ。河合寸翁は学者家老である。面白い人物だった。というのは、改革を推進する時に必要な人物を藩内トラブルメーカー（厄介者）に求めたことである。つまり「各セクションでこいつは面倒ばかり起こして始末に負えない、と思われている人間を、全部おれのところに寄越せ」と言って、自分の部署に集めるという変わった人間だった。河合は、

「厄介者は、何か特別な才能があるからだ。それが伸ばせないので、上役に逆らったり組織に背いたりしているのだ」

と考えていた。つまり「能力があってもそれを生かせない人間たちを自分が育ててや

ろう」と考えたのである。だから、事務能力の他に特技を重んずる方法をとった。そしてその特技を生かして、政治的に活用したのである。芸能方面に得意なものはそれを生かし、また情報に明るい者はそれも生かした。特に幕府要人に対する工作の時にこれらのスペシャリストたちは大いに活躍した。そのお蔭で、河合の改革は成功し、藩に大きな利益をもたらした。

薩摩藩に調所笑左衛門《ずしょしょうざえもん》という改革者がいた。茶坊主上がりだが、藩主に抜擢されて藩政改革を担当した。この時彼は藩財政を支える新しい出資者として大坂の商人に狙いを付けた。そのため、薩摩からよく大坂へ通った。この時姫路の城下町に泊まる。調所は姫路の城下町が好きだった。それは城下町の諸施設がよく整備され、また道路その他の公共施設に対するいわゆるインフラが行き届いていたからである。きれいな町を見る度に調所は宿の主に告げた。

「こういうきれいな町は、藩の家老によほど優れた人物がいるからだな」

すると宿の亭主は大きく頷いてこう答えた。

「その通りでございます。姫路藩には河合様という優れた御家老がおいでになって、われわれ町の責任者にもいろいろと厳しいお達しがございます。しかし、学者で本当に人格が優れているので皆も、たとえ厳しくても河合様のおっしゃることには従っておりますですから、姫路の町はこのようにきれいに整備されております」

調所はこれを聞いて「確かにその通りだろう」と頷いた。ところがある時、調所がまた姫路の町に泊まると、今までとは打って変わって汚い。かなり荒れている。調所は宿の亭主に言った。

「御家老が亡くなったのか？」

宿の主はびっくりした。

「よくおわかりになりますな。先日、河合様がお亡くなりになりました」

これを聞いて調所は暗澹とし、姫路城の方に向かって手を合わせたという。

河合寸翁はこういう人間通であり、同時に自分でも大きな学校を建てて藩士の教育に力を尽くした。その学校は武士だけでなく、町人の子供たちも学べた。姫路の人々は、士農工商のすべてを挙げて河合を敬い、姫路城の石垣の下に小さな神社を造った。それが現存する「河合神社」である。日本の家老で、神様になって神社に祭られているのは、この河合寸翁と伊予（愛媛県）宇和島の伊達家の家老だった山家公頼《やんべきんより》（和霊さん）がいる。さて河合寸翁の辞世。

甲斐なくも我ものがほに死ぬるかな　君にゆるせし命なりしを

微妙な感懐だ。すっと読むと、

「主人に捧げた命なのに、今死ぬにあたって我が物顔（有名人として）」という自覚である。これは寸翁の性格として、あるいは心の中で、

「それだけの実績を自分は上げてきた」

という自負心があったのかもしれない。あるいは逆に、世間の評判を高めてしまった自身に対し、

「それほど言われるようなことはしてないのに」

と考える一種のテレか、それを生む謙虚な気持ちだったのかもしれない。しかし、薩摩の調所笑左衛門も、

「薩摩藩に調所あり」

と評判を高めていた改革者である。河合もまた「姫路藩に河合あり」といわれた人物だ。これがお互いに一度も会ったことがなく、互いの存在を知っていたに違いない。おそらく姫路の宿に泊まった調所の言葉は、そのまま宿の主人から河合にも伝えられていたことだろう。これはある意味で、平和な時代における優れた者同士の競り合いというか、知的な決闘と見てもいい。いわば互いに、

「おぬし、やるな」

と認め合っていたのである。

○平田靱負

江戸時代の大名家は親藩のほか二つに分かれていた。譜代大名と外様大名だ。譜代大名というのは三河（愛知県）以来徳川家に忠節を尽くした武士が大名になったものだ。関ヶ原の合戦や大坂の陣以後徳川家に忠節を尽くすようになった大名は「外様」と言わ

れて、幕府の政権に関与することはできなかった。その代わり、徳川家康の方針によって「権力を握れる者の給与は低く、権力を持てない者の給与は高くする」という方針がとられた。

外様大名は譜代大名の何倍、何十倍にもあたる給与を受けた。しかしそのままに放置したわけではない。「御手伝」と称して、本来幕府がやるべき公共事業を大名に割り当てた。やがては譜代大名にも割り当てられるようになる。河川改修や徳川家のたとえば日光東照宮など改修工事を命ずる。その度に、各大名は〝アゴアシ自分持ち（経費自己負担）〟ということになった。薩摩藩島津家は七十七万石の日本で二番目に石高《こくだか》の多い大名だ。一番は加賀百万石の前田家だ。そのため、しばしばこの御手伝を命ぜられた。

ある時美濃三川（現在の岐阜県を流れる三本の川すなわち、木曽川・長良川・揖斐《いび》川）の改修工事を命じた。薩摩藩からは平田靱負《ひらたゆきえ》という家老職が総責任者になった。工事はとんとん拍子に進んだ。しかし、幕府側は意地が悪く平田の報告を受けても決して承認しなかった。あそこがだめだとか、ここがいけないとかいって難癖をつけ続けた。そのために、工事を改め新しく仕事をしたが、経費がその度に嵩む。平田は藩から支出を仰いだが、藩の方もしまいには怒り出した。そして平田に対しても「水増しをして請求しているのではないか」と疑いの目を向けた。幕府の方からは「こんな工事ではだめだ。もっと金をかけて身を入れろ」と検査役が圧迫する。工事は完成したが、平田は「藩財政を傾けて申し訳ない」と言って腹を切った。「責任は平田様だけにあるのではない」と言って、平田に従っていた家臣の多くも腹を切った。集団自殺である。この時の平田の辞世。

住みなれし里もいまさら名残りにて　立ちぞわずらふ美濃の大牧

幕府の理不尽な御手伝に泣いた者の代表的な辞世である。

○近松門左衛門

近松門左衛門《ちかまつもんざえもん》という有名な歌舞伎・狂言などの作者がいる。彼の辞世。

それぞ辞世去る程に扨もその後に　のこる桜が花しにほはば

ちょっと回りくどいが、彼の教養の深さを知らされる奥の深い歌のような気がする。

○尾形乾山

江戸初期の有名な陶工であり画家でもあった尾形乾山《おがたけんざん》の辞世。

うきこともうれしき折も過ぎぬれば　ただあけくれの夢ばかりなる

素直な歌だが、読む人にとっては乾山の気持ちがそのまま伝わってくるような工夫が凝らされている。つまり誰もがこういう気持ちになるのではないか、と思わせる辞世である。

○小西来山

俳句を作る人は、それだけで最後の言葉もうまいはずだ。小西来山《こにしらいざん》という俳人がいた。本業は薬屋さんだ。その最後の言葉。

来山は生まれた咎《とが》で死ぬるなり　それで恨みも何もかもなし

生まれたことがすでに罪だという認識だろうか。わたしの好きな作家は太宰治だが、太宰はよく「生まれてすみません」と言った。つまり原罪意識である。生まれたことが罪だと考えたのでどうにもならない。だからこそ太宰は、「ひとを喜ばせるのが好きであった」という生き方をする。これは原罪に対する贖罪《しょくざい》の意味だろう。来山もそんな気持ちがあったのかどうかわからない。彼にはこの言葉の他に残した句がある。

ほのかなる鶯きゝつ羅生門

というものである。羅生門で低く鳴く声を聞いた、ということだろうか。

○松尾芭蕉

旅に病んで夢は枯野をかけ廻る

有名な元禄の俳聖松尾芭蕉が詠んだ〝最後の言葉〟だ。このころの芭蕉は大坂にいて、多くの弟子に囲まれながらおそらく治らぬであろう病気の療養に勤しんでいた。よく「花屋の裏屋敷にいた」といわれるが、確証はない。御堂筋の家にいたという説もある。

このころの芭蕉はしきりに秋に関する句を詠んでいる。死の前に、

秋もはやばらつく雨に月の形《なり》
秋の夜をうち崩したる咄《はなし》かな
この道や行く人なしに秋のくれ

さらに

この秋は何で年よる雲に鳥
秋深き隣は何をする人ぞ

などがある。

死の直前になって、下痢が止まらなかった。風邪もひいていた。過労も重なっていたという。これが最後の言葉ではないかと思われる句もあるが、しかし『笈《おい》日記』に、「みづから申されけるは、はた生死の転変を前におきながら、ほつ（発）句すべきわざにもあらねど、よのつねこの道を心にこめて、年もやや半百に過ぎたれば、いねては朝雲暮煙の間をかけり、さめては山水野鳥の声におどろく。是を仏の妄執といましめ給へる、たゞちに今の身の上におぼえ侍《はべ》るなり。この後はたゞ生前の俳諧を忘れむとのみおもふはと、かへすがへすくやみ申されしなり」

とあるから、やはり「旅に病んで」を芭蕉の最期の句と考えるべきだろう。ただ、わたしはこの句について一つの考えを持っている。それは元禄二（一六八九）年から芭蕉は河合曽良という弟子を連れて〝おくのほそ道〟の旅を辿った。奥羽路から越後路に入って、出雲崎に泊まった。この時の印象を詠んだのが有名な、

荒海や佐渡によこたふ天河

である。この旅では弟子の河合曽良は、克明な「随行日誌」をつけていた。それによれば、出雲路のほとんどが雨それも強雨であって、夜になっても到底天の星が見えるはずがない。同時に、現在の天文学者に言わせても、

「出雲崎から見て、佐渡島の上空に天の川を見ることは無理だろう」

と言われている。わたしの下世話による推測だが、このころの曽良は次第に師の芭蕉に対し、嫌気がさしていたのではなかろうか。それは旅の供が嫌だということではない。自ら望んで一緒に来た旅だ。それに曽良は学問が深く、日本の神社仏閣の歴史について大変知識があった。芭蕉はそれを見込んで、

「あの地に行くと、こういうお宮がある。社歴を調べてください」

と頼んだ。曽良は一所懸命〝おくのほそ道〟の過程で出会う神社や寺の由来を調べて、これをメモして芭蕉に提出している。が、この旅全般について言えることだが、芭蕉はあまりこのメモを活用していない。それがまず曽良の不満であったかどうかは疑問だ。しかし曽良は次第に腹を壊し、病床に臥すことが多くなった。おそらく神経性のものであったろうと思う。もう一つは、曽良が感じたのは、

「師の句は少し大げさではないのか」

という疑問である。彼が腹を壊しながらも越前の旅を続けて、途中、芭蕉の弟子であった小杉一笑の追善会が開かれたことがある。この時芭蕉は、

塚も動けわが泣く声は秋の風

と詠んだ。参会した門人たちは感動したが、曽良は最近もくもくと胸の中に湧きあがった黒い雲にこの時も災いされた。

(大袈裟だ)

と感じた。そこで曽良はついに師匠に、

「腹の具合が治まりません。もはや、お供をすることができませんので、一足先に上方

へ帰させていただきます」

と申し出た。芭蕉はこれを認めた。この時曽良は、一句詠んで芭蕉に捧げている。

行き行きてたふれ伏すとも萩の原

である。別れを告げるにしては、かなり凄絶な句だ。まるで、その時の曽良の心境を詠ったように思える。芭蕉はそれを感じただろう。しかし芭蕉は、

今日よりや書付消さん笠の露

と詠んで悲しんだ。これが芭蕉と曽良の永遠の別れになる。そしてもっと言えば大坂で芭蕉が臨終を迎えた時も、曽良は見舞いにも行かず、また葬儀にも出なかった。曽良はやがて、対馬国（長崎県）の、下級役人になって監察か隠密の仕事をしていたという。そうだとすれば、曽良の性格はかなり几帳面であって、事実を事実として認めるようなリアリズムがあったのではなかろうか。したがって、雨がどしゃ降る中で、佐渡島の上に天の川が見えるはずはないという断定もしただろう。あるいは「塚も動け」という句に、あまりにも大仰な身振りに辟易したに違いない。それは師を嫌うよりも曽良自身が、

「自分には風流心がない」

と自分の限界を知ったのだと思う。たとえ雨が降ろうと、霧が流れようと、芭蕉にははっきり佐渡島の上空に天の川が見えたのだ。つまり常人では見えないところにも見えるというところが芸術精神の現れなのである。芭蕉はすぐれた風流心の持ち主だから、曽良がたとえ見えなくても芭蕉には見えるのだ。だからこそ〝荒海や〟の名句がほとばしり出るのである。

しかしここでわたしが考えたのは、芭蕉の最後の言葉である「旅に病んで」の句は、明らかに弟子曽良の詠んだ「行き行きて」の影響を受けているのではないかということだ。トーンが似ている。質も似ている。ということは、芭蕉も始終、

「あの時、曽良はなぜ去ったのだろうか」

ということを思い続けていたに違いない。それは自分の身を振り返り、弟子から見放されたとまでは思わないが、

「やはり、自分の方に非があったのではないか」

と振り返る、芭蕉の優しさである。弟子愛だ。だから芭蕉の最後の言葉は明らかに「旅に病んで……」の句だが、ついでに書いておけば河合曽良の最後の句も芭蕉と別れ

た時に詠んだ「行き行きて……」の句だと思っている。その後の曽良の句作がどういうものであったか、わたし自身も情熱をもって調べることを中止した。それは、「曽良の芸術生活も、芭蕉と別れた時に終わっている」
と思うからである。

○斯波園女

女流の俳人で、芭蕉の門下だった斯波園女《しばそのじょ》という女性がいる。その辞世。
秋の月春の曙見し空は　夢かうつつか南無阿弥陀仏
俳句の達人でありながら、和歌を辞世にしている。おそらく園にすれば最後の「南無阿弥陀仏」というお題目を入れたかったのではなかろうか。五七五の俳句では入りきれないので、和歌にしたのではなかろうか。

○宮川松堅

宮川松堅《みやかわしょうけん》という女性歌人がいる。俳句でも有名だった。九十五歳という高年齢で死んだ。その辞世。

かり置きし地水風火もかへすなり　何ももたねば残念もなし

女性にしては悟りきった考えだ。特に、地水風火すなわち自然を、借り物として天地に返して、旅立つという考えは非常に珍しい。悟りきっている。やはり、九十五歳という高年齢がそうさせたのだろうか。あまり宗教色もない淡々たる辞世で、目に立つ。

○春日局

江戸城の大奥の創始者である女性に春日局という人物がいる。戦国時代を生き抜いて、つくづく女の身の悲しさを感じ、

「一日も早く日本に平和をもたらせてほしい。そういう政治家がぜひ出てほしい」

と願い続けていた人物だ。徳川家康によってその平和日本が実現した。春日局は家康の孫竹千代が生まれた時に、幕府が乳母を公募したので応募し合格した。以後、竹千代を「平和維持の政治家」にするために身を砕いた。竹千代は家光となり三代将軍になる。しかし二代将軍秀忠（竹千代の父）の妻江《ごう》が竹千代を嫌ったので家光はむしろ春日局を実母のように慕った。家光の時代は徳川幕府の制度を確立した時なので、大名たちの反対もありいろいろと苦労が多かった。その度に春日局は家光に、

「おじい様（家康）の姿をいつも頭の中に浮かべなさい。そして、大名たちにはあなたが言うのではなく、おじい様がおっしゃっていると告げるのです」

という自己暗示法を教えた。家光はこれを活用した。春日局は寛永二十（一六四三）年に六十五歳で死ぬ。その時の辞世。

西に入る月をいざなひ法《のり》を得て　けふぞ火宅をのがれけるかな

火宅という言い方に、それまでの春日局の生涯に対する辛酸のほどが窺える。西へ行くとか、法を得てとかいうのはやはり浄土宗教だ。今までの春日局の実績を考えると、この辞世こそほんとうに「ようやくホッとした」という思いがありありと伝わってくる。

御苦労さまでしたという他はない。

○小堀遠州

織田信長が導入した「政治の文化化」という方針に従って、豊臣秀吉もこのことを引き継いだ。そのため、文化だけで合戦に関わりなく生き抜けた大名もいる。小堀遠州《こぼりえんしゅう》はその代表だろう。庭造りや茶の道で生き抜いた。修学院離宮や名庭といわれる数々の造作物が残されている。はっきり言えば、〝好きなこと〟をやって、悠々と暮らせた幸福な人物である。その辞世。

昨日といひ今日とくらしてなすことも　なき身のゆめのさむるあけぼの

相当な文化人だから、おそらく深い意味を託したのだろうが後世読むわれわれにとっては、多少首をかしげる。「風流一途に生き抜けた幸福な身の自覚が、やや不足していはしまいか」という気がするからである。〝なすこともなき身〟どころではなく、本当にやりたいことをやり抜いて死ねたいわば「生命の完全燃焼」を遂げたようにわれわれには見えるからだ。しかし本人にしてみれば、「まだまだやりたいことが沢山ある」ということだったのかもしれない。それまでの生涯は夢であって、死ぬ瞬間にはじめて「その夢が覚めた」という自覚なのだろうか。

○後水尾天皇・和子

平清盛の夢をそのまま自分の夢として「一族から帝（天皇）を出したい」というのは、晩年の徳川家康の悲願だった。これが実現した。息子の二代将軍秀忠の娘和子が、時の帝後水尾《ごみずのお》天皇の女御となって子を産んだからである。子はしかし女性だった。この女性が長らく絶えていた女帝になる。明正《めいしょう》天皇である。

しかしこの時は現帝である後水尾天皇に、いろいろな嫌がらせやプレッシャーがかけられた。その交渉に当たったのがどうも春日局らしい。春日局は、そこまでやる女性だった。しかし彼女自身も若いころは御所に仕えていたのだから、朝廷内の空気を全く知らなかったわけではない。そこに複雑な事情があり、同時に春日局の女性としての奥深い不気味さを感ずる。女帝になる皇女を生んだ和子（東福門院と称した）の辞世。

武蔵野の草葉の末にやどりしか　みやこの空にかへる月かげ

武蔵野というのは生まれた江戸城のことだろう。そして都の空は夢でもなく長い生涯を送った京都のことだ。東の都と西の都にひっかけているが、思いは複雑だっただろう。あるいは、東と西の架橋となった自分の身に思いを致したのかもしれない。自分の夫後水尾天皇に対するプレッシャーを次々と加える父と、その管理する幕府のやり方に対し和子は決して穏やかな気持ちを持っていたわけではなかろう。晩年の彼女は〝着物ぐるい〟となって、高価な京の織物を次々と買い込んでは、これまた惜しげもなく次々と仕える女性たちに与えていたといわれる。せめてもの鬱憤晴らしだったのだろうか。

徳川幕府の覇権確立によって、著しくステータスを落とされ悲しい境遇にあった後水尾天皇の辞世。

ゆきゆきて思へばかなし末とほく　みえしたか根も花のしら雲

自身の境遇をそのまま素直に語った歌だ。しかし後水尾天皇には別に、次のような歌がある。

蘆原よ茂らば茂れおのがまま　とても道ある世とは思へず

口惜しさが満ち溢れている。この方が後水尾天皇の辞世としては相応しい。徳川幕府の理不尽なやり方に対する憤りが満ち満ちている。後水尾天皇のこの痛憤の言葉には事情がある。それは幕府が派遣した春日局（斎藤福）の干渉によって、天皇がついに退位を決意されたからだ。お福の本来の仕事は全く逆だった。度重なる幕府の横暴さに怒り狂った天皇が、

「退位する」

と宣言したことに慌てふためき、幕府（というより将軍家光とその父秀忠）は、急遽春日局を派遣して天皇に翻意を促そうとした。ところが春日局は秀忠・家光父子将軍の真意を知っていた。それは父家康の真意が平清盛と同じで、

「徳川一族の中から天皇を出現させる」

という悲願を持っていた。そこで春日局は決死の覚悟でこの将軍家の野望を実現しようとした。歴史の謎だが、わたし個人は春日局の後水尾天皇に対する交渉方法は、

「天皇の退位を翻意させるのではなく、逆に退位の決意を強めさせた」

のだと思っている。そのために後水尾天皇はこの勇気ある女性（斎藤福）に対し、室町時代に例のあった「春日局」という称号を与えた。相当に皮肉な行為である。しかしこれによって和子の産んだ娘が久しぶりの明正天皇である。このときの条件として天皇は、小堀遠州が設計した修学院離宮を手にしたという。しかし、そんな別荘を手にしたからといって心が休まるものではない。妻は秀忠の娘和子だ。二人の仲がその後どのようになったかはわれわれ俗人にも想像がつく。和子の衣装ぐるいはおそらくその辺の事情を物語るものではなかろうか。しかし、和子は失意の天皇によく仕え、修学院離宮において晩年の天皇（すでに上皇）の面倒をよく見たという。

斎藤福（春日局）の功績は、少年竹千代を三代将軍家光にまで押し上げたこともあろうが、それ以上に強引に後水尾天皇を退位させて、徳川将軍家の娘をたとえ女帝ではあっても皇位につけたことにあるのではなかろうか。やはり春日局は女傑であった。彼女の辞世の中にある「けふぞ火宅をのがれけるかな」の意味も、こんな経緯を考えるとよく理解できるのだ。

おわりに

以上、整合性のない形でズラズラと多くの人の辞世を並べてきた。しかし、読んですでにおわかりだろうが多くの辞世が、

「後の世に読まれることを意識している」

というのが多い。したがって、どこまでが本心か、どこまでが飾る言葉で綴ったのかその境界線がよくわからない。このまま続けてゆくと限りがないので、とりあえず今回の集録をこの辺で打ち切りたいと思う。そこで最後に、

「おまえさん（童門）ならどんな辞世を詠むのか？」

とお尋ねになる方があるかもしれないので、お答えしておく。わたしは辞世を詠む気はない。それは、

「人間の一生が、そんな短い言葉で締めくくられるものではない」

ということと、もう一つは、

「死ぬ瞬間も生き続けている」

という、生命のあくなきパワーを信ずるからである。その意味でわたしはこの本の締めくくりにはやはり最初にとりあげた二宮金次郎の辞世を掲げたいと思う。

「予が足を開け、予が手を開け、予が書簡を見よ、予が日記を見よ。戦々競々深淵に臨むが如く、薄氷を踏むが如し」

力強さが漲る辞世だ。力強さというよりも、金次郎自身のまだ果たせなかった志と、同時に指導した人々に対し、

「いくら言ってもわからない奴がいる」

という、赤裸々な怒りの念が籠っているような気がする。下野（栃木県）の桜町で廃れた村を再興している時に、一時期金次郎は成田不動尊（新勝寺）に抜け出たことがある。この時成田不動尊で不動明王の絵を見た。不動明王はカッと目を開き、怒りの表情が凄まじい。そして背後にはその怒りが炎となって燃えている。寺の僧から金次郎はその炎は、

「不動明王の社会悪に対する怒りだ」

と教えられた。金次郎は、

「そうか、不動明王はあの怒りの炎で社会の悪を焼き滅ぼそうとしているのだ」

と悟った。そのため、

「自分ももう一度桜町に戻って、村に潜む社会悪を怒りの炎で焼き尽くそう」

と決意を新たにしたのである。そうだとすれば、金次郎の辞世は、

「これで終わりだ」

というものではない。むしろ、

「これからもう一度新しい仕事をはじめる」

という決意の表明に他ならない。わたしは能天気だから、やはりそういう前向きの辞世を好む。この本のお終いに、くどいようだが金次郎の辞世を掲げて、締めくくりとする。

2015年8月

童門冬二

童門冬二（どうもん　ふゆじ）
1927年東京生まれ。海軍土浦航空隊に入隊するが翌年終戦。終戦後、東京都庁に勤務。東京都立大学事務長、東京都広報室長、企画調整局長、政策室長等を歴任。在職中の1960年『暗い川が手を叩く』が第43回芥川賞候補となる。1979年51歳にして退職、作家活動に専念。56歳の時『小説　上杉鷹山』がベストセラーとなる。その後も、多数の書籍を著わし、現在も、執筆、講演と活躍中。
1999年春勲三等瑞宝章を受章
日本文藝家協会会員
日本推理作家協会会員

経法ビジネス新書　008

最後の言葉

2015年10月10日初版第1刷発行

著　　者　童門冬二
発 行 者　金子幸司
発 行 所　株式会社 経済法令研究会
〒162-8421　東京都新宿区市谷本村町3-21
Tel　03-3267-4811
http://www.khk.co.jp/
企画・制作　経法ビジネス出版株式会社
Tel　03-3267-4897
カバーデザイン　株式会社 キュービスト
帯デザイン　佐藤　修
印 刷 所　日本ハイコム株式会社

乱丁・落丁はお取替えいたします。

ISBN978-4-7668-4806-9 C0295

経法ビジネス新書刊行にあたって

経済法令研究会は、主に金融機関に必要とされる業務知識に関する、書籍・雑誌の発刊、通信講座の開発および研修会ならびに銀行業務検定試験の全国一斉実施等を通じて、金融機関行職員の方々の業務知識向上に資するためのお手伝いをしてまいりました。

ところがその間、若者の活字離れが喧伝される中、ゆとり世代からさとり世代と称されるにいたり、価値観の多様化の名のもとに思考が停滞しているかの様相を呈する時代となりました。そこで、文字文化の息吹を絶やさないためにも、考える力を身につけて明日の夢につながる知恵を紡いでいくことが、出版人としての当社の使命と考え、経済法令研究会創業55周年を数えたのを機に、経法ビジネス新書を創刊することといたしました。読者のみなさまとともに考える道を歩んでまいりたいと存じます。

２０１４年９月

経法ビジネス出版株式会社